导购

赢在

不在沟通上

邰 杰 ◎ 著

中国商业出版社

图书在版编目（CIP）数据

导购：别输在不会沟通上 / 郜杰著. --北京：中国商业出版社, 2017.12
ISBN 978-7-5208-0153-9
Ⅰ．①导… Ⅱ．①郜… Ⅲ．①销售-方法 Ⅳ．①F713.3
中国版本图书馆 CIP 数据核字(2017)第 326977 号

责任编辑：朱丽丽

中国商业出版社出版发行
(100053　北京广安门内报国寺 1 号)
010-63180647　www.c-cbook.com
新华书店经销
大厂回族自治县彩虹印刷有限公司

*

720 毫米×1000 毫米　1/16 开　12.5 印张　160 千字
2018 年 3 月第 1 版　2018 年 3 月第 1 次印刷
定价：39.8 元

****

（如有印装质量问题可更换）

联袂推荐

郜杰老师是我见过的很实战的门店培训师，能够快速落地实施，当店长、导购员在门店销售，遇到问题的时候看看此书，你会豁然开朗。我的建议是：赶紧把它买回家，偷偷地学吧！第二天你就会比其他店长、导购员卖得更好！

营销培训师　吴兴波

郜杰老师写的这本书对店长、导购员来说是实战性相当高的，看完立刻就能使用上。请大家不要犹豫，立即拿起此书去收银台，相信你不会后悔！

大客户营销培训师　诸强华

郜杰老师是为数不多的理论与实战并重的培训师，他写的这本书既条理清楚又实战落地，既表达准确又通俗易懂，购买并学习吧！这将是你做出的最正确的决策之一！

鞋服零售培训师　李亚辉

前 言

2012年，我在"天涯网"上发表了一篇文章，文章的名字叫《我是一名优秀的导购员》。写这篇文章的初衷是想把自己经营门店的经验及心得做一个总结，也算是一种分享，大概写了2万字左右。

后来被网友以《请不要再用老土的销售对白了》或《请不要再用老土的销售话术了》的文章标题进行了转载，没想到反响强烈，点击量很高。在这里我首先要感谢转载过这篇文章的网友，其次要感谢点击观看这篇文章的网友，谢谢你们让我感觉到自己是有价值的，谢谢你们的鼓励！

我曾经是一名优秀的导购员，说自己优秀，是因为面对顾客的时候多了，被拒绝已经成为习惯，可以说能应付得来任何一种类型的顾客。

我做过很多不同的行业，卖过很多东西。从以前高中暑假期间站在街边摆个桌子、扯个条幅卖电池，到在书店卖书；从在药店卖中、西药品（目前中药能认识100多种），到在珠宝店卖奢侈品；从在家电卖场卖电视、背投、手机、学习机，到在时装大卖场卖服装、在家具商场卖家具，甚至还在快消品商店卖过女性卫生巾等。

在这个过程中，遇到过很多不同的顾客，但从未改变的就是我一直在"卖"，而且"卖"得相当好。好到什么程度呢？打个比方，在卖珠宝时，一个月中自己一个人最好的销售额顶得上对班四个人的销售总额，可以说

为公司创造了一个不大不小的奇迹。别人一天卖不了两三件，而我一天最多的时候能卖十几件，刚开始有人认为是我运气好，但后来经常性的销售领先，慢慢的，大家就觉得是实力的原因了，所以有很多同事也开始向我学习。

由此我坚信，作为一个导购员，只要你能力出众，无论在什么地方、销售什么样的产品，都可以做得风生水起，得到同事的羡慕和上司的器重。

因为我努力工作，业绩突出，后来被老板调到培训部。老板的用意很明显，他是让我将自己的销售技巧"复制"给大家，以使整个公司的销售量能够获得整体提升。从此以后，我便走上了门店培训师之路。在这里我要感谢老板，他经常组织培训，这让我受益匪浅，使我有机会根据自己在门店销售的实践经验形成自己简单、实用、快速、直接、可以复制的销售技巧，实战性较强，容易记住，为之后从事培训工作打下良好基础。

从一名销售员转变为培训师，其实并非易事。刚开始讲课时，总是无法顺利地将自己的想法传达给导购员，着实苦恼了一阵子。

为了能够做一名合格的培训员，我去过不少书店，读过不少有关导购员推销产品、如何运用话术方面的书籍，但发现与现实中的推销过程相比大多脱离实际，或语言叙述风格太过枯燥，理论性偏强；或没有具体的措施和技巧，缺乏可操作性。

此外，对于一些咨询公司写的类似书籍，虽然有市场调研做基础，比较接近实际，但对于和推销产品有关的备货、摆货、店面布置等等细节问题缺乏关注；对于在大卖场卖同类产品的导购员之间的竞争等问题，很多书中也鲜有涉及，或只是寥寥几笔一带而过。

总之，现有的关于导购员如何销售产品这一类书写得好的不多，而能写到点子上、真正对导购员有所帮助的书更是少之又少。于是，我萌发了

前言

写一本真正贴近实际且对导购员有用的推销话术方面的书籍的想法。

我之所以想把自己的销售经验写作成书，旨在和大家交流，以达到共同进步的目的。

说到销售技巧的实战性，这里举个例子。李小龙是著名的功夫巨星，但他不会翻跟头。翻跟头是武术中一个最为常见的动作，包括前空翻和后空翻，表演时会翻跟斗，可以博得观众的大声喝彩。李小龙虽然不会翻跟头，但他的腿法犀利无比，以迅速、灵活、脚步移动快、杀伤力大而著称。

我们看他的真功夫电影时常常会发现，他在实战的时候从来不翻跟头，在空中乱飞乱跳，而是冷静地观察对手，搏斗时惯于踢出三脚（直踢、侧踢和后摆腿），且速度快、力量足，踢腿的姿势威猛、洒脱，让对手防不胜防、无招架之力。李小龙因此被冠以"李三脚"的绰号。三脚动作虽然简单，但练熟了、练巧了就是最好的绝招，可以无往不利！销售亦是如此。

本书对我以前在网上发表的文章进行了修正，使内容变得更加充实，更富有条理性，并且也将自己在多年的学习、讲课等方面积累的经验和知识一并融入其中。因此，本书可以说是凝聚了我多年心血的结晶，是一本非常值得导购员同行一阅的图书。

目 录

1. 如何称呼顾客   1
2. 顾客进店第一句话怎么说   3
3. 顾客进店第二句话怎么说   5
4. 顾客进店第三句话怎么说   12
5. 其他开场销售时机分析   14
6. 如何接待老顾客   18
7. 如何接待介于新、老顾客之间的顾客   21
8. 如何接待导购员调休的老顾客   23
9. 如何接待导购员离职的老顾客   25
10. 如何接待老顾客带来的新顾客   27
11. 顾客说太贵了，怎么应对   29
12. 顾客问能不能便宜点，怎么应对   33
13. 顾客说在网上买，怎么应对   36
14. 顾客进门就问价格，怎么办   38
15. 顾客说再便宜点才买，怎么办   41
16. 顾客说他认识店老板（领导），想便宜点，如何应对   43
17. 熟人或熟人介绍的人来买东西，怎么办   46
18. 老顾客要求优惠，怎么办   48
19. 顾客说"没听过你家的品牌"，怎么应对   50
20. 顾客说"款式过时了"，怎么回答   52

21. 顾客说他不需要这么好的东西，如何应对	54
22. 顾客说"超出我预算了"，如何应对	56
23. 顾客说钱没带够，怎么办	59
24. 顾客说买不起，怎么办	61
25. 顾客说"美女，晚上一起吃饭吧"，如何应对	63
26. 顾客问"你们公司倒闭或品牌撤柜怎么办"如何回答	65
27. 顾客说再看看吧，如何应对	67
28. 顾客问产品质量会不会有问题，怎么回答	71
29. 顾客让身边的朋友拿主意，如何应对	74
30. 顾客问你"这两个都不错，你看我买哪一个"如何回答	76
31. 顾客不要赠品只想便宜点，怎么办	79
32. 顾客要求把零头抹了，怎么办	82
33. 顾客说不抹零头就不买，怎么办	85
34. 顾客问到服务空白时，怎么回答	88
35. 如何询问顾客的预算	90
36. 顾客问衣服会不会缩水、褪色，该如何回答	92
37. 顾客说"我还是买××品牌吧！"怎么办	94
38. 顾客要求多给赠品，不然不买，怎么应对	96
39. 顾客说"上次在你们这儿买的就不太好"，如何回答	98
40. 顾客询问有没有活动，怎么回答	101
41. 顾客离开时，倒数第二句该怎么说	103
42. 顾客不还价，但要求送一件小商品，如何处理	105
43. 顾客说国庆节再买，怎么办	107
44. 顾客说"试穿挺好，但已经有了"，怎么办	109
45. 顾客说"以前买过，现在贵了"，怎么办	111
46. 顾客买很多东西，要求送饰品，怎么办	113
47. 顾客说"多买不打折，只能买一件"，怎么办	115

48. 不管你说什么，顾客只说"我随便看看"，怎么办　117
49. 顾客说"在店里看着好看，买回家就不好看了"，该如何应对　120
50. 顾客问"以后会不会有更低的折扣"，该如何回答　123
51. 顾客觉得该产品不好，怎么办　125
52. 陪顾客来的人说"觉得不好"，怎么办　128
53. 顾客说"别人是大品牌，你的产品没名气"，如何应对　130
54. 顾客说"你家款式太新潮，都不适合我"，怎么办　132
55. 顾客说"你家商品只是挂个外国牌子而已"，怎么办　134
56. 顾客说"一件背心八百太贵了！"如何回答　136
57. 顾客认同产品，但说下次带朋友来看再决定，怎么办　138
58. 在你介绍完商品后，顾客转头就走，怎么办　140
59. 顾客试穿几套衣服后，什么也不说就要走，怎么办　143
60. 顾客是学生，没有购买力，怎么办　145
61. 顾客说"商品不错，就是价位承受不起"，怎么办　147
62. 顾客不情愿亲身体验产品，该怎样处理　149
63. 顾客说"你知道××品牌在哪里有卖吗"该如何应对　152
64. 顾客试过商品后，要求再拿新品，但只剩一件，怎么办　154
65. 顾客询问商品质地，该如何说明　156
66. 如何做好连带销售　158
67. 如何快速成交　164
68. 如何做好顾客转介绍　170
69. iPad以及彩页的用法　174
70. 如何做好售后服务　176

附录：学员现场问答　178

后　记　183

1. 如何称呼顾客

做培训行业这么久,走过全国很多城市,发现不同的地方对顾客的称呼都不一样,这可能和地域环境有关,也可能和风俗习惯有关。

通常来说,称呼虽然不同,但也没有什么大的问题。但是,随着近年来国人思想意识的觉醒及眼界的开阔,有一些新兴却怪异的称呼不断在销售等行业出现。对于这些称呼,销售人员也许会认为能拉近和顾客的距离,但事实却并非如此。

有些称呼一说出口,让顾客听着就觉得肉麻,甚至会让顾客尴尬,就想马上离开。显然,出现这种情况是和导购员的初衷相违背的。那么,这些会让导购员走入销售误区的称呼都有哪些呢?

举个例子,我所在的公司旁边有一个保健中心,做的是中老年人健康保健的生意,于是,只要是到店的中老年人,工作人员都一律称呼他们"爸爸"或"妈妈"。这种习惯在其他某些国家或许没有问题,但是在中国,说出这些称呼的人虽然感觉很前卫,但是客人听了总觉得不舒服,甚至会有种想赶快逃离的想法,试问,这又怎么能达到销售的目的呢?

再举个例子,卖场中有些女导购员会称呼同性顾客"宝贝"或"亲爱的"。这类称呼相对来说还不算出格,有的顾客能接受,但对于一些思想保守和慢热型的女性来说,这类称呼她们就未必能接受。在销售产品时,这类称呼要慎用。

那么,导购员应该怎样恰当称呼顾客呢?很简单,根据当地最亲切的、最正常的、最适宜的称呼,来称呼我们的顾客。比如"美女""先生""哥""姐"等,让顾客听起来感觉自然舒适。如果实在不知道该怎么称呼,那

么高端大店就按照比较正式的称呼,如"先生""女士"等;大众店就用平时的称呼即可,如"大姐""小妹"等。

正确的沟通方法:

称呼顾客时要注意两点,一是要符合当地的风俗习惯,二是要看顾客的性别、年龄、职业等。

2. 顾客进店第一句话怎么说

　　一个好的开场白是把顾客留下的首要条件,也是让顾客能够继续听你介绍下去的先决条件。只有选择好你的开场白,才能让顾客为你停留。但在现实中,很多导购员在顾客进店的时候第一句话就说错了,这样一来,销售成功的概率就会大打折扣。

　　顾客一进店,很多导购员第一句话通常是:

　　"您好!"(错)

　　"欢迎光临!"(错)

　　"您好,欢饮光临!"(错)

　　"您好,欢迎光临×××!"(错)

　　"您好,欢迎光临××专柜。"(这句话在三年前是对的,现在就有点过时了。)

　　在实际工作中,很多导购员在面对顾客时说出来的都是上面几句欢迎语用来迎宾,其实这几句话都是不对的,但是我们却浑然不觉。举个例子,有一次我和我的三名学员去一家知名女装店逛,一进店就有个女导购员跑过来,冲着我们热情地说:"您好!几位?"我的一个朋友笑呵呵地回答说:"四位,谢谢。"

　　那么,导购员在接待顾客时的第一句话该怎么说呢?聪明的导购员大多会这么说:"您好,欢迎光临×××店!"然后再自然地报出自己店的特色。

　　为什么导购员在顾客进店时说的第一句话如此重要呢?原因有以下几个:

第一，顾客可能是在闲逛，他只是无意中进入你的店铺，并不知道店铺叫什么名字，也不知道卖的什么品牌。鉴于这种情况，导购员有必要报出自己的品牌。

第二，现在很多厂家的牌匾都是英文的，或者是那种夸张的艺术字，但顾客一般都不会去深究其意，就算有兴趣在店里转一圈出来也不会在意店铺叫什么名字，这时我们就要告诉顾客，本店的品牌是什么、特色是什么等等，以加深顾客的记忆。

第三，导购员当着顾客的面亲口做一遍有声广告，这会加深顾客的印象，因为这种广告的效果比电视广告、平面广告的效果要强很多倍。

第四，只有一类产品不可能满足人们所有的需求，也不可能卖给所有的人，只有特色的东西人们才能记得住，只要提到这个产品，马上让人想起这个企业或者产品的特色，这就是所谓的定位。比如，提到高端香水就会想起"香奈儿"，提到去头屑洗发水就会想起"海飞丝"等。

另外，导购员在面对顾客说出第一句话时，还应注意语速语调，这样会给顾客更悦耳、更动听的感觉，只有这样顾客才能记得更牢。这就需要导购员在平时加以注意、训练，以期在面对顾客时说出的第一句话就能吸引住顾客。

正确的沟通方法：

"您好，欢迎光临XX（品牌）+特点"例如："您好，欢迎光临艾莱依时尚羽绒服！""您好，欢迎光临老凤祥百年珠宝品牌！""您好，欢迎光临VIVO新款X20全面屏手机"

3. 顾客进店第二句话怎么说

我们经常会发现，一名优秀的导购员，出单总是很迅速，没聊几句就已经销售成功了，而一般的导购员讲述了半天也不一定成交。这其中的原因就在于第二句话说的不对。一旦第二句话说错，则需要费很多口舌去解释，这就延长了成交时间。

那么，常听到导购员说的第二句话有哪些？

"您想看点什么？"（错）

"有什么可以帮您的吗？"（错）

"你想看个什么价位的？"（错）

"能耽误您几分钟时间吗？"（错）

"我能帮您做些什么？"（错）

"喜欢的话，可以看一下！"（错）

"先生，请随便看看！"（错）

"先生，你以前是不是在我们店里买过衣服啊？"（错。这句在下面详细解释。）

我们可以想一下，顾客听到以上几句话会怎么回答我们？基本上是一句话就可以把我们搞定了，那就是："好的，我随便看看！"怎么样，这句话听着熟悉吧？其实很多顾客进店是有购买欲望的，而你开场的第二句话却在无形中降低了顾客的购买欲望，顾客说"随便看看"其实是一种消极的心理暗示，本来顾客是有购买的欲望的，说出"随便看看"后就会淡化购买欲，从而加强随便看看的想法，反而增加了挑剔与守财的欲望。

"先生，请随便看看！"这句话不能算错，只是有些过时了。这句

最早出现在20世纪80年代的改革开放初期，当时老百姓生活并不富裕，商家为了招揽顾客，便用"随便看看"来吸引顾客进店，这也是增加人气的一种手段。然而今天人民生活水平提升了一大截，不仅有钱还有信用卡、微信、支付宝等网上支付也变得十分普遍，所以现在再用"随便看看"来招揽顾客就不适用了。

如果顾客回答说"我随便看看"，我们怎么接话呢？很多导购员会说："好的，您先看，有什么需要可以随时叫我。"然后站在一边偷偷地用余光看着顾客，希望顾客拿起产品，这样我们就可以走上前去进行介绍。但实际情况往往是顾客看了一圈就走出去了，再见到这位顾客不知要到何年何月何日。

每个导购员心中都很清楚，只要顾客走出店，再回店铺的几率往往很小。有这样一位男导购员，他在苏宁卖家电时，只要遇到从国美过来的女士顾客，就会马上说一句话："大姐，您放心，我们价格肯定比国美低，如果价格不能比它低，赠品肯定比其他家的多，您放心在这儿买吧！"当然，国美的导购员肯定也会这么说的。

不知道是谁这样教给导购员的，让导购员说："先生，您以前是不是在我们这里买过衣服啊？"我们来分析一下这句话。顾客不管在这里买过还是没买过衣服，出于礼貌，一般会说"是"。导购员会再问"感觉怎么样啊？"顾客会说"还好"，然后只是在店里看一下。

我也遇到过这样的情况。有一次我到一家服装店，导购员问我，先生，您以前是不是在我们这里买过衣服啊？我回答说买过。导购员问怎么样啊？我回答说很烂！导购员一愣，然后问了一句不该问的话，他竟然问我"烂在哪里"！然后我就告诉他，他们家衣服到底哪里不好，一直讨论了十几分钟，越讨论导购员越没信心，最后他只好直接说：要不你去别人家再看看吧。导购员主动让我走了。

与上面这家服装店的导购员形成鲜明对比的是，一家知名服装店的导购员小姐每次看到我进她店里，都会说："你好久没有来了哦！"要知道我是第一次去她们家，我只好说："是的，我最近工作太忙……"

如果你销售的是衣服，顾客转了一圈走了，可能就在别的店里买了，再遇到这位顾客的几率就相当小了；如果你销售的是电视，可能好几年才能见到这个顾客；如果你销售的是冰箱，再见到这位顾客可能需要更长的时间。

就是说，如果一笔交易不在你那里产生，就会在别的导购员手里产生，这样你就会失去一次赚钱的机会，可能你的小孩的衣服就成了别人小孩的衣服、你小孩的书包就成了别人小孩的书包，甚至你的女朋友就可能会成为别人的女朋友。很现实吧？是的，但现实就是如此残酷！

那么，究竟怎么才能把顾客吸引住呢？这就要求导购员要给顾客一个留下来并且听你讲下去的理由。

任何人做事都需要理由，哪怕这个理由很牵强。俗话说得好："没有无缘无故的爱，也没有无缘无故的恨。"任何事情都需要原因，而这个原因就是我们所说的理由。

有一次我的一个朋友搬家，我前去帮忙，搬家公司一个戴耳机的小个子引起了我的注意，他背着一台和他身高很不匹配的冰箱，显然，要想搬动它就会很吃力。我走过去递给他一瓶水，说道："歇会吧。听什么歌呢？"

他笑了笑，露出了洁白的牙齿，说："你听听！"说着摘下耳机送到我手里。我接过耳机，里面声音很稚嫩："爸爸，爸爸……"此时我才意识到，他是在和儿子聊天，或许这就是他能够搬动这台又重又大的冰箱的理由。

做任何事情都是有理由的，只要这个理由够充分。如果你的理由够充分，顾客也会自然地留下来。作为导购员，我们必须要给顾客一个让他留下来并且听你讲下去的理由。

导购员说第二句话，一般会有以下这几种情况：

第一种情况是介绍新款，比如说"这是我们××（特性）的新款！"

人们对新的东西都会产生好奇心，都喜欢看新鲜的事物，比如喜欢新的家具、新的流行趋势等等，这是人的本性。

很多导购员就善于抓住这一点，当客人进店时会说"这是我们的新款！"当然，只是一个简单的"新"字还不够，还需要我们用针对产品的

如何新、为何新进行描述,比如说"这是我们吸汗性的新款打底衫""这是我们米兰时装展获奖的新款""这是著名时装设计师皮尔卡丹设计的新款""这是我们速干免烫的新款""这是我们最新设计的纯度99999的黄金项链"等等,总之要说出你介绍产品的特性,这样才能吸引你的顾客。

第二种情况是用活动来吸引顾客,比如说:"我们这里正在搞×××的活动!"

用活动来吸引顾客,这一招我经常用,效果非常好。事实上,人都有占小便宜的心态,希望多吃、多拿、多占、多要,这是人性的弱点之一,而且很多人买同样的东西只要比别人便宜,就会感觉自己比别人精明。

所以,这里我们有一个小技巧,那就是:都是同样的东西,如果你比别人便宜1元钱,或者你比别人便宜0.1折,就可以卖得比别人好。这个方法用在手机、家电、黄金等具有同质化性质的产品时效果会更好。

记得有一次我买机票,正是因为这家公司的折扣比另一家公司的折扣高出0.1折,虽然没便宜多少钱,但还是感觉比另一家公司便宜,觉得自己赚到了。现实中很多酒店里的特价菜、特色菜也是这样操作的,目的也是为了吸引顾客。

值得注意的是,千万别用"我们这里正在搞活动"这样的话语作为理由,因为现在每家零卖场都在搞活动,活动搞得太多了,顾客就会听着麻木。这就需要我们把活动内容说出来,比如说"我们正在搞买够3000抽奖去马尔代夫的活动"。

对此,如果顾客是新婚夫妇,就会想着中奖后可以度蜜月;如果顾客想着假期没休完,就会想着或许可以去马尔代夫玩一趟。这样的活动内容顾客就会很感兴趣了,甚至有的顾客会主动问你"你们这个抽奖是怎么抽的?我可能当天过不来怎么办"等等。

当然,导购员在跟顾客介绍店铺活动的时候,一定要带上"有点小激动"的感情,千万不要表现得平静、冷静甚至冷漠,因为如果你自己都不兴奋,那么顾客就更不会感觉到兴奋。

我们很少见到这样的顾客，他听完你不紧不慢地说有活动后反而显得很激动，说"真的有活动吗？太好了，终于碰上了，我要买三件！你能卖给我吗？卖给我好吗？"如此等等，到最后导购员自己反而被顾客的激动所感染，买了三件回去。所以，带上感情给顾客介绍店铺的活动，把每一次搞活动都当成从来没搞过的活动，"今天是第一次"，那么你的感情也会变得跟其他导购员不一样了，当然，销售的结果也会因此不一样。

第三种情况是展示产品的唯一性。

先来说一个我亲身经历的小故事。我有一个朋友，是一家钧瓷公司的营销总监。有一天我去拜访他，他从抽屉里拿出一小包茶叶，大概也就三两左右，让我看看茶叶怎么样。我不懂茶，出于礼貌我闻了闻，说"不错，挺好的"，随手就放回到他的桌子上。朋友听我这么说，就开始给我讲故事了。

他说："郜杰，你知道吗？中国只有三棵茶树长这种茶叶，在咱们内地的市面上你根本就见不到。第一棵茶树的茶叶采下来以后，直接运往海外，为我们国家赚取外汇；第二棵茶树的茶叶采下来以后，运往港澳台，惠及我们的同胞；第三棵茶树的茶叶采下来以后，才在国内销售，总量也只有半斤，我现在这里就有三两。"听完他的介绍，我立刻抓起桌子上的茶叶，虽然我不喜欢喝茶，但也很想尝尝这茶到底什么味道。

为什么很多商家推出珍藏版、纪念版、限量版？目的就是为了给人感觉"你有钱也未必能买得到"，甚至让人买到后产生兴奋，有一种荣誉感，比如中国奥运纪念钞等。有的时候，买到的东西即便不适合自己，也不会怪东西不好，反而怪自己，比如有的人买了劳力士手表，虽然戴上不觉得怎么好看，但也不会怪劳力士手表不好，反而认为自己配不上这样的表，比如说："这胳膊长的，就不是戴劳力士的胳膊！"

第四种情况是制造热销气氛。

人都有一种从众心理，即别人干什么我也干什么，现实中盲目跟风的现象比比皆是。作为导购员，我们不妨借助人们的这一心理做销售。

聪明的导购员见到顾客经常会说："您真有眼光，您看的这款产品，

是卖得最好的产品,昨天刚卖了五件,今天又刚刚订了三件。"随后拿出销售记录、订单给顾客看。单凭借这一句话,就足够吸引顾客的眼球了。因为这句话能够传达给顾客的积极意思是,你很有眼光,选的真不错;消极的意思是,就算你选错了,还有很多人和你的选择是一样的,前面已经有很多人"垫背"了。

第五种情况是展示产品或活动的时限性。

这个方法超市经常使用,比如:精美的POP海报上常常写着"今日特价,先到先得!前五十名免费送鸡蛋!"等等;很多饭店门口写着"今日特价菜";很多箱包店打出"清仓处理,最后三天"的口号,所谓"最后三天"永远是最后三天,一直到今天还是最后三天!这就是运用时限性的心理,顾客怕过了今天,以后不知道要等多久才会再搞特价。所以商超绝不可能写"今年特价"。

这就是展示产品或活动的时限性,借助这个方法,我们在进行促销的时候可以这么说:"大姐,你来的正是时候,我们活动还剩最后一天,明天就要恢复原价(赠品就剩三个了),今天买还能享受到最低的折扣(还能送您赠品)。"

第六种情况是恰到好处地运用自我介绍法。

为什么要做自我介绍呢?因为导购员希望抓牢老顾客。很多顾客从进到店里购物,到购物结束离开,都不知道导购员的名字叫什么,甚至不关心导购员的姓名,这是再正常不过的情况了。有心的顾客可能会看到导购员胸前的号码牌(有的号码牌写着名字,有的写的是编号,有的就写着销售顾问),导购员也很少主动介绍自己。

如果下次老顾客再到店里想找你买东西,他只能说:"你们店里上次那个女导购员在不在啊?"导购员只能回答:"不好意思,先生,我们店里的导购员都是女的。"由此可见,导购员进行自我介绍是很有必要的,这样能够增加新顾客对你的信任度,也能够让老顾客记住你,从而经常光顾你的店铺。

可能很多导购员会问,顾客一来就做自我介绍,这样会不会有些唐突?

其实是不会的,打个招呼,简单做个自我介绍,其实是很平常的事情,如果你感觉有些唐突,那么在销售的过程中自然而然地介绍自己也可以。比如说:"您好,我叫张三,请问怎么称呼您比较方便?"这样的简短介绍其实是很正常的一种销售话术,根本无需感到尴尬,同样也能够了解到顾客的姓名。

做自我介绍时要避免直接称呼顾客"姐"或"哥",我曾经直接称一位女士为"姐",结果那位女士说:"我感觉你比我年龄都大。"可想而知我当时是多么的尴尬!

综上所述,对于导购员而言。自我介绍的意义在于:我们是平等的,我介绍了我自己,让您认识我,说明我愿意为您做长期的服务,而不是仅仅只做一次生意,同时也增加了将新顾客转化成老顾客的机会;另外,也是在向顾客真诚地表达,如果产品出现售后等问题,你可以直接找到我,我可以帮您解决。

当然,以上六种开场技巧,只要把其中一种话术练习熟练,做到脱口而出就可以了,不要求全都掌握!

正确的沟通方法:

导购员说的第二句话要把顾客吸引住,让顾客停下逛其他店的脚步。

4. 顾客进店第三句话怎么说

很多导购员包括以前的我自己，对进店后的顾客说的第二句话常常是"您好，欢迎光临×××！我们正在搞满3000抽奖去马尔代夫的活动"，但是接下来的第三句就变成了"您愿意了解一下吗？""我能帮您介绍一下吗？"其实，第三句话的这种说法是错误的。

如果这样问顾客，顾客的回答马上又让销售回到了原点，顾客就会说"我先看看吧"，或者"不愿意！不能！"也就是说所有的销售行为都被顾客统统拒绝掉了。我把这种问话称为"多余的礼貌"。本来顾客已经被我们的第一、第二句话吸引，而我们"多余的礼貌"又给了顾客更多的选择和拒绝的机会。

礼貌为何是多余的呢？举个例子，一位男士在公交车上，他前面的一位女士突然转身打了他一巴掌，过了一会儿，那位女士转身又打了他一巴掌。女士下车后，其他乘客过来问这位男士为什么会被打。

他说："我看她背后的拉链没拉，我帮她拉上了，她就转身给了我一巴掌。"有乘客又说："那也只有一巴掌，怎么有第二巴掌啊？"男士说："她打了我，我还以为她不喜欢拉上拉链，然后我又把她背后的拉链拉下来了！谁知她又给了我一巴掌！"这位男士犯得错误就是多余的礼貌，既然拉上去了就不要再拉下来了。

对于销售人员而言，在面对顾客时的第三句话就应该直接介绍产品，不必再去问顾客愿不愿意听。否则，可能会出现顾客原本还拿着产品，结果因为导购员错误的问话而导致顾客又把产品放回去的情况。事实上，如果询问顾客是否喜欢，就会给顾客在潜意识中产生压力，因为顾客在没有喜欢上该产品之前,并不想增加你的麻烦,如果麻烦了你而自己却没消费,他心里会有点小愧疚。

还有,诸如"喜欢的话,我们这里还有两种其他颜色"等等,这样的话也不要随便对顾客说。否则顾客会问"什么颜色?"如果这时导购员回答"白色和黑色",那么顾客会直接问你"没有灰色的吗?"

事实上,如果你们店里只有"白色和黑色"这两种颜色,你为什么要去问顾客?结果顾客要选择灰色,那么接下来你所有的销售都是在让顾客接受退而求其次的选择,因为他最喜欢的颜色(灰色)你这里没有。所以,第三句话一旦说错,后面就会有一大堆问题随之而来。而实际情况是,顾客既然已经找到他自己喜欢的款式,就说明他已经被吸引,此时再给顾客多余的选择,反而不会完成出单。

正确的沟通方法:第三句话应该说:"我来帮您介绍!"

5. 其他开场销售时机分析

在卖场中，开场销售的时机有很多，下面我们来分析几种常见的开场销售时机。

时机一：顾客进店直奔目标物，对于其他的产品不会多看一眼

此类现象多为男性顾客，此类顾客会直接站在目标产品前面看或者是用手触摸产品。这说明这位顾客目标非常明确，或者是顾客以前来过，知道自己想要的东西在哪里，并且知道一些目标产品的相关信息。

面对这样的顾客，导购员走过去时，可能顾客会直接进行询问，无需导购员多言。即便顾客没有主动询问，顾客一般也是在看产品、看标牌，这时导购员便可以直接说："先生您真有眼光，这个是我们的秋冬新款……"然后直接介绍产品即可。随后就可以让顾客进入试穿环节。

时机二：顾客触摸产品或者看标价

这种情况出现在女顾客身上比较多。这类女顾客没有特定的目标产品，只是边走边看，当她停下来的时候，导购员应当适时走过去，直接开场介绍，说"您真有眼光，您看的这个是我们公司首席设计师设计的"，这样既有赞美，又有介绍。

时机三：顾客用询问的眼神望向导购人员

如果顾客用询问的眼神望向导购员，这表示顾客有想要咨询的问题或者是需要导购员帮助的愿望。这时候，导购员可以直接走过去，态度要谦和，不用急着开口，也不用什么开场技巧，因为顾客会主动提出自己的需求或疑问，导购员要做的只是等待发问并做好应对就行。

时机四：顾客走过去又退回来触摸产品

顾客有这个行为，表示他的眼光被某个产品或是产品的某个特色吸引住了，所以最经常的状况就是边走边看，或者简单拔一下产品但突然停下来，又或者回过头来才去触摸产品。这时候，导购员直接走过去和顾客交流就可以了，比如说"您真有眼光，您看的这个是我认为最好的（诸如漂亮的、性价比高的、时尚的、流行的等等）……"。这句话是我常用的，因为导购员应该是最熟悉店里产品的人，顾客觉得导购员认为最好的，那肯定错不了。

时机五：停下脚步进入思考

这种顾客通常是比较理性的，他不一定会主动接触产品，但可能会站在产品面前边看边想。这类顾客想的最多的是产品适不适合自己，如果是衣服，穿出来效果究竟如何，在什么场合会需要这种产品；同时也在考虑价格是不是合适自己，如果购买，自己的钱到底够不够，有没有超出预算等。

这种顾客是用自己的想象来决定自己到底要不要购买，或者在考虑是否询问导购员。这时候，导购员要从侧前方走过去，并且要让顾客能看到你或者能感觉到你走过来；同时，导购员要面带微笑、用赞美开场，这就足够了。有的时候，顾客站的地方可能使导购员不能从侧前方走过去，那么我们至少要做到不要从后方悄悄地走过去就可以了，因为从后方悄无声息地走过去，突然出现在顾客面前，这样容易吓着顾客。

时机六：一进门就东张西望

这种顾客买东西的欲望是比较大的，并且男性顾客居多，导购员需要做的就是直接上前接待，聆听对方问询即可。对方很有可能会直接问你"这里有××东西吗？"导购员无需啰嗦，直接作答即可。

时机七：进来就问"能刷卡吗？"

这种顾客买东西很爽快，不会犹犹豫豫，很明显他就是拿着钱来买东西的，只要遇到合适的、价格合理的，基本上会刷卡买单。导购员要做的就是做好服务，帮他找到合适的产品，完成交易。对于这种顾客，导购员的开场方式就是不说废话，直接问需求，比如说"您想看什么产品（诸如衣服、首饰、家居、家电等）？"

时机八：与顾客四目相对

对导购员而言，在工作中间肯定会遇到很多闲逛的顾客，他们大多不会留给你足够的时间，他们多半会进店之后来回走上一圈，毫无目的性，甚至不会触摸任何一件产品。自然，这类顾客来也匆匆，去也匆匆。而寻找恰当时机与顾客四目相对，就是以非常淡定的眼神跟顾客做四目相对的交流。

与顾客四目相对时的交流，这里面有很多技巧需要掌握，导购员不可不知。只要与顾客四目对视，导购员这时候如果能靠近顾客，并且迅速地找到顾客的赞美点，用赞美接近顾客，这是最好的方法。

假设在一个卖场里，导购员发现多数顾客来回走动，少有停留，这时导购员在侧前方站好，面带微笑，静静地观察顾客走来的方向，让顾客注意到自己就在前方，这样顾客就会很自然地与你四目相交，从而为进一步交流开启机会。

与顾客四目相交的交流一般有两种情况。第一种情况是，如果顾客跟你只是对视一眼，然后并不说话，或者你过去跟他打招呼他都不理你，遇到这种情况，对于导购员而言就要用热情来感化他。当然，也会有顾客面对导购员的热情不仅没被感染，反而加速离开了。面对这种情况，导购员应当怎么办？此时你就不要继续试图用热情来感染顾客，而是要改变策略。

我们可以想一下，一个女顾客低着头不说话，说明这位顾客性格内向，可能平时就不爱说话，更不愿意跟陌生人说话；如果是位男顾客，当他在面对一个女导购员热情的招待时，他肯定会感觉心理压力很大，如果同时面对好几个女导购员，这位男顾客或许就会"落荒而逃"了。

因此，正确的做法是，走到顾客面前，低下头来。比如顾客身高一米七五，导购员身高也一米七五，那么导购员首先要做的就是把头低下，比如把自己变成一米七三，让顾客的身高超过自己，随后在顾客耳边轻声问"您想看什么"，以便让顾客感觉到你和他是同类人，你甚至比他还内向。这时，顾客才会告诉你他想买什么。这句话直接问就行了，不需要东拉西扯。

第二种情况是，顾客看了你一眼，四目对视之后，对你仍然是带搭不理。

这种情况发生在女顾客身上比较多。遇到这种情况，导购员该怎么办呢？这种女顾客在性格方面多半比较自恋，属于高傲的一种类型，导购员要想出单，只需要做一点，那就是多多赞美。

针对这种顾客，你的赞美不需要有其他顾虑，直接夸奖"您真有气质"就会收到效果，这种顾客听到这样的赞美，多半会开心地笑着说："真的吗？谢谢！"其实此时顾客的心里已经兴奋不已了。这时，导购员再趁热打铁，继续赞美，比如说"你发型真好""您的包包真漂亮，很配你的气质"等等。一般来说，赞美完三句，再介绍产品、问需求就顺理成章，最终达成交易。

在这里，不妨重点说一下赞美的技巧。

有的导购员不善于赞美顾客，那么怎么办呢？很简单，只要学会一种技巧——背赞美词。一个合格的导购员，一定要将下面这十句赞美的话熟记于心，并且做到很自然地脱口而出。

"您气质真好，您一进门我就注意到您了。"

"您形象真好，穿着搭配的真是时尚。"

"您长得真漂亮，您一进门我就注意到您了。"

"您打扮得真时尚，我们同事刚刚都在看您呢。"

"您发型真好看，跟您的脸型特别般配，显得特别有气质。"

"您的发卡（其他配饰）真特别，跟您的衣服搭配起来气质特别出色。"

"看您的穿着搭配，就知道您一定是个很讲究细节的人。"

"您身材真好，同样是女人我都忍不住想多看两眼。"

"您头发真漂亮，又黑又亮，真让人羡慕。"

"这条裤子（裙子、丝巾、包、衬衫）真特别，非常与众不同。"

正确的沟通方法：

赞美顾客的时候一定要真诚，夸奖对方也要结合实际，比如进店的女顾客长得并不漂亮，导购员还要夸赞对方漂亮，这样不但不会出单，反而会让场面变得尴尬。

6. 如何接待老顾客

导购员接待老顾客更有讲究，如果话说得不合适，就会让老顾客心里不舒服。我们不妨先来看看下面几句常听到的话：

"先生，好久不见，今天想看什么？"（错）

"您来了，想看点什么？"（错）

"来了。坐吧。"（错）

"您是不是以前在我们家买过衣服啊？"（错）

"二八法则"是众所周知的，这个法则也适用于卖场，即20%的老顾客创造80%的业绩；反之，80%的新顾客创造20%的业绩。有研究表明，开发一个新顾客的成本是维护老顾客的成本的六倍，因为老顾客几乎不再需要多余的营销成本，靠着追销足以实现利润最大化。所以，对于导购员而言你的老顾客才是你业绩的源泉。

很多导购员感觉老顾客已经稳定，因而对老顾客就表现得不够积极，而把更多的精力投入到开发新顾客中去，这种指导思想和做法导致老顾客感受不到热情的接待，严重影响了销售业绩。其实，老顾客一般忠诚度更高，所以导购员一定要更加善待老顾客，让老顾客感受到贵宾的感觉。事实上，老顾客不仅是稳定的利润来源，更是引进新顾客最简便的途径。

在2003年非典时期，大家都不敢外出逛街，门店的生意一落千丈，即使很多商家在门口贴上"本店已经消毒"的告示，但顾客依然很少，销售额还是下降得厉害。在当时，有一家零售店在几年间累积了8000多个会员，这时就显出顾客资料的重要性了，该店的销售策略就是紧抓老顾客，导购员主动给老顾客打电话，积极联系业务。就这样，在非典的那段时间，

这家店销售额却没有受到大的影响。

在实践中,导购员接待老顾客一般分为以下几个步骤:

第一个步骤就是要热情迎接,要快速地迎上去,具体来说就是要用比顾客更快的速度迎上去。

很多导购员在工作中见到自己熟悉的老顾客时,却反应缓慢,甚至站在原地不动。比如很多卖珠宝的导购员说:卖衣服的可以迎上去,我们卖珠宝的在柜台里面,怎么迎上去啊?道理虽如此,但对于导购员而言,至少也要快步走到柜台前,很热情地对顾客微笑,让顾客感受到自己被重视。

假设你男朋友去外地三年,平时只是电话、视频沟通,今天回来你去机场接他,第一眼见到他走出了机场出口,你会怎么做?应该是冲过去,抱上去、亲上去,这才是对的。如果只是冷静地站在机场门口,一动不动地看着他,然后静静地说"你回来了?"接下来男朋友的一句话可能就是"我已经结婚了"。电视上的言情剧大多都是这么演的。

第二个步骤就是引导顾客向店内走,可以这样招呼:"好久不见了,您里面请。"

此步骤在化妆品门店、卖女装的门店最常见,很多女导购员一看到老顾客,直接就上前热情招呼,说:"王阿姨,您好久都没来我们店里了!"很多导购员的业绩就是通过这样的热情促成的。

这一招对很多阿姨级别的老顾客很受用,因为很多阿姨级别的老顾客,她们的儿女大多不在身边,一年很少回来几次,都会有种孤独感,跟你接触多了,关系熟了,感觉你就是她的好朋友,只要你这样一说,她心里就会感觉很温暖,如果不购买你的产品反而会产生一种愧疚感,当她有这种愧疚感的时候,接下来的销售就会顺利得多。

第三个步骤尤其值得注意,就是不要询问顾客曾经购买过的产品。

这种问话在很多卖衣服的店里经常会听到。比如老顾客一光顾,导购员上去就说:"陈姐,上次您买的那件衣服怎么样啊?"老顾客如果说:"不好看,送给我表妹了。"那么可想而知,接下来导购员肯定就会非常尴尬。所以,导购员尽量不要询问之前的购买和产品使用情况。对于导购员而言,

既往的产品销售成功即可，不用追踪之后的使用情况，不然很可能会让场面变得尴尬，让接下来的销售变得无法开展。

第四个步骤就是不要主动提及产品。

很多导购员把老顾客拉进店里后，马上就直接问："您今天过来想看点什么？"老顾客一进店导购员就问他需要什么产品，这意思就是：我不想跟你聊天，只想卖给你产品，我懒得跟你沟通。因此，和老顾客进行沟通，必要的寒暄是很重要的销售技巧。导购员在推荐产品之前，进行聊天预热，这是一种非常有效的销售手段。

事实上，主动提及产品给老顾客的感觉太功利了，本来人家把你当朋友、当姐妹，你却想到的只是交易，这会让顾客感到心寒。甚至对方会想：如果今天她路过想要跟你聊两句你就不理她了？即使她真的是过来买东西，听到你如此功利性的话，想必心里也会很难过。

其实，导购员和老顾客聊天的过程，也是一个了解顾客需求的过程，你不要担心老顾客不提及产品，事实上没有顾客会专门跑过来跟导购员聊天的。通常情况下，三五分钟的闲聊就能够拉近与对方的距离，同时也有助于老顾客提出她的需求。这种预热的销售过程，不仅有助于我们了解老顾客想要的产品，也是增加与老顾客情感的一种方式。故此，和老顾客寒暄，非常有助于销售，而不是在浪费时间。

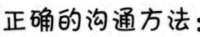正确的沟通方法：

接待老顾客的话术结构是：快步迎接＋店内引导＋不提以前＋不主动讲产品。

7. 如何接待介于新、老顾客之间的顾客

在工作中我们常见到一些看着有点面熟，但又分不清是不是以前来过的顾客，这类顾客就是介于新、老顾客之间的顾客。接待这类顾客大有学问，现实中有许多导购员不懂得如何接待这类顾客，表现在话术上就是不恰当地发问，比如下面这样的问话：

"您是不是来过？"（错）

"您来过吗？"（错）

"您第一次来吧？"（错）

"您想看点什么？"（错）

所谓介于新、老顾客之间的顾客，指的是来店里逛一两次，但导购员又真的忘了他什么时候来过，也不能确认他是否来过，只是有点印象。

对于这类顾客，如果导购员还是用接待新顾客的方式来接待，顾客的心里就难免有些不舒服，他们多半会有种被忽视了的感觉，好像根本就没人在意过他的存在；如果用接待老顾客的方式接待的话，如果他没来过，认错人了，也显得有点尴尬。那么，导购员该怎么做才能接待好这类顾客，并承上启下地介绍产品呢？这就需要用模糊的语言来解决了，让顾客产生疑问，从而主动询问。

通常，我们在接待有点印象的顾客时会这么说："您是不是以前看过我们××型号的一款上衣啊？"之所以会这样说，就是要让顾客听不明白，而顾客一听不明白就会有反应，为接下来的交流创造了机会。

来店的顾客会说"我没来过"，这时我们要马上跟上，用接待新顾客的方式接待。比如你可以这样说："您来的真是时候，我们活动还剩最后

一天……"

也有的顾客说："我以前看过一款紫色的,不知道是不是你说的那款？"我们马上跟进："您一来我就记起您了,您的气质……"这时我们要运用赞美的技巧来缓和一下气氛,接下来提出一个二选一的问话："请问您还想看那样的款式还是想看看其他款式？"这样的问话,就可以把顾客引导到产品上了。

 正确的沟通方法："您是不是以前看过我们××型号的产品啊？"

8. 如何接待导购员调休的老顾客

卖场实务中，常常会遇到老顾客来了，但接待他的导购员调休的情况。面对这种情形，我们怎么处理呢？先来看看下面的场景：

顾客一进门就问："小张在不在？"

导购员："不好意思啊，小张今天休息！"

老顾客："那他什么时候过来啊？"

导购员："明天吧。"

老顾客："那行，那我明天再过来吧。"

导购员："好的，谢谢光临，请慢走。"然后顾客转身就走了。

顾客从你家走出去之后，难道真的会等第二天再来吗？凭我的经验，80%一般不会来，或者这次在别人家买了，下次再要买的时候可能再来。当今社会，同质化产品如此严重，竞争如此激烈，顾客未必不会在别家消费。所以，上述场景中的销售话术是不可取的。

从策略上讲，即使是老顾客所熟悉的导购员不在店里，导购员也要想办法让自己变成店铺中第二个"小张"，促使顾客完成当天的消费。

顾客一进门就问："小张在不在？"

导购员："不好意思啊，小张今天刚好休息。不过小张也跟我提到过您，之前我也见过您。我是小王，我的服务和小张一样让您满意。请问您今天来是想看上衣还是想看裤子（项链还是戒指、软床还是硬床、变频还是直流、台式还是柜式等）？"

老顾客："我今天来想要买……"

其实很多时候，老顾客进入店铺指定某个导购员，其的目的是为了

简短交流时间,熟识他的导购员了解他的需求,如果此时新的导购员能够瞬间抓住老顾客内心的这种需求,自然也会成为老顾客熟识的第二个"小张"。

正确的沟通方法:

接待导购员调休的老顾客的话术结构是:淡化小张调休+拉近关系+转产品。

9. 如何接待导购员离职的老顾客

卖场实务中，常常会遇到老顾客来了，但接待他的导购员离职的情况。面对这种情形，我们怎么处理呢？先来看看下面的场景：

老顾客进来就问："小张在不在？"

经常听到导购员说："不好意思啊，小张已经不干了。"

更可怕的是这么说："不好意思啊，小张已经走了。"

老顾客一惊："啊？上个月不是还活得好好的吗,怎么说走就走了呢？"

在上述的对话过程中，导购员的说话有歧义，结果让老顾客误解了。

其实，老顾客之所以来这里，是觉得与小张比较熟，比较喜欢小张，如果说小张离职了，老顾客可能会多虑：这家店肯定有问题，连小张这么好的导购员都留不住！顾客这样一想，以后可能就不会再来店里消费了。

那么，我们怎么办呢？

我们的解决方法是：首先，淡化小张离职；其次，迅速建立关系；最后，转到产品上去。

具体的实施步骤是这样的，要向顾客表明："小张因为个人的原因工作进行了调动，不过我之前也见过您，您放心，我的服务也会跟小张一样让您满意，请问一下您今天想看上衣还是裤子（项链还是戒指、软床还是硬床、变频还是直流、台式还是柜式等）？"

对于大部分老顾客来讲，他们对某个导购员去哪里往往不是特别关心，

只要求新的导购员能够满足他们的需求。新导购员如果能明白并做到这一点，就很容易实现销售的目的。

正确的沟通方法：

接待导购员离职的老顾客的话术结构是：淡化小张离职＋拉近关系＋转产品。

10. 如何接待老顾客带来的新顾客

在实践中,导购员常常会遇到老顾客带来的新顾客。如何接待呢?先来看看下面场景中导购员的话术:

"王姐好。"(错)

"欢迎王姐。"(错)

"二位好。"(错)

"二位吃了吗?"(错)

很多老顾客因为喜欢你,或者喜欢你的店,就会介绍他们的朋友来这里购买。从另一个角度来分析,这类顾客怕买错东西或希望别人更好地认同自己,所以就带新顾客来店消费。作为导购员,应该抓住顾客的上述心理,做好接待工作,最终实现成交。

具体来说,对于新老顾客一同进店的情景,我们要做到两点。一是抬高老顾客。因为一会儿卖给新顾客东西时,老顾客也会帮忙介绍和促进成交。二是把跟老顾客之间的友谊与感情迅速转移到新顾客身上,进行等量代换。

比如,你的老顾客陈姐领着一位女顾客进店了,你可以直接问:"陈姐您好,好久不见,这位是……"

陈姐:"这是我好朋友。"

我们:"姐,怎么称呼您方便呢?"

新顾客:"我姓王。"

这时千万不要急着叫王姐,一定要这样问一句:"我可以称呼您王姐吗?"如果对方同意,那么可以这样称呼。然后再自然亲切地说:"王姐您好,

陈姐是我的老顾客了,对我一直很照顾的,您是陈姐的朋友,有什么需要都可以跟我讲,我一定会让您满意的。您今天过来是看上衣还是裤子?"这种情感的转嫁,不仅能够让新顾客信赖你,更不失去老顾客的信任。

正确的沟通方法:

接待老顾客带来的新顾客的话术结构是:问好 + 抬高老顾客 + 关系代换 + 转产品。

11. 顾客说太贵了，怎么应对

顾客在购物过程中会对服务人员表达自己的意见，在这之中最为常见的是认为东西"太贵了"。对于有这种意见的顾客，我们应该怎么办呢？有的导购员会说下面的话：

"不贵。"（错）

"有赠品。"（错）

"能打折。"（错）

"不是吧。"（错）

很多顾客进门一看到喜欢的东西，往往就说一句话："这个多少钱？"

导购员："888元。"

顾客："这么贵啊！"

导购员："那你要看质量啊？"

顾客："质量都差不多！"

导购员："那你要看款式啊？"

顾客："款式也差不多！"

很多导购员："这是我们老板定的价格，我也没办法！"

顾客："给你们老板申请一下！"让你给老板申请其实是出卖老板，你敢给老板打电话吗？即使敢打，老板怎么看你。

导购员："这已经是我们打过折的价格了。"这话的意思是打过折你还嫌贵啊，其实你这么说死定了，因为你打过折他还觉得贵。

导购员："先生，我给您便宜点吧。"说这种话的导购员也常见，即使你打过折，顾客还会要求你再打折的。

当顾客嫌弃价格太高时,上面的话统统不能说,尤其是"先生,我给您便宜点吧"。因为顾客根本没要求让你便宜,你又何必主动降价呢?

顾客说太贵了,其实是一种自然的反应,很多顾客看到产品会很自然地说出价格高,似乎只有砍价之后,自己才觉得不亏,否则自己很像"冤大头"。我们自己去店里买东西也会砍价,而很多情况是我"砍价未遂"也会照样购买。由此可见,顾客抱怨产品贵是一种常态,没见有哪个顾客进店就说产品太便宜的,所以当顾客说太贵了的时候,我们要想到策略,而不是主动降价。

我们要做的,就是告诉顾客为什么这么贵?告诉顾客我们产品贵的理由,而不是直接降低利润。具体来说可以采取以下方法。

一是讲产品。

什么是讲产品?许多导购员对此根本不懂,因而会说"我们物超所值!一分价钱一分货!"要么是说得很笼统,要么就是单单讲质量如何如何。这种话术方式是很难成交的。讲产品就是对产品进行表述,那么究竟怎样来表述产品呢?

我们先来看一下,一件产品的构成,包括质量、价格、材料、功能、款式、服务、品牌,以及促销活动、导购人员,甚至还有店的位置(离得近有问题可以直接来店里解决),等等。由此我们不难发现,产品的这些特性中,顾客唯一能改变的就是价格,只要不是定制,只要是店里的产品,那么其他方面顾客一般改变不了。

比如,质量是我们做的,材料是我们选的,服务是我们规定的,促销活动是我们设计的,功能是我们设计的,款式是我们设计的,导购人员是我们公司招聘的,店的位置是我们选的,品牌是我们打造的,而只有价格是顾客可以去要求的。因此我们讲产品的时候,要从产品的质量如何、材料如何、服务如何、促销活动、功能如何、款式如何、品牌如何等等这些方面进行讲解。

我也听过有的导购员在给我介绍产品,用的词语相当专业(他们的用词用语只有做他们那行的人才能听懂),甚至还带英文。其实这样来

介绍产品是不合适的,毕竟顾客不是专家,他们不懂太多专业术语。由此可见,给顾客介绍产品,一定要做到通俗易懂,保证顾客百分百理解你讲述的意思。

还有一种情况,很多导购员从未注意过,那就是给顾客介绍产品时,时间非常短,不到两分钟就将产品介绍完了。殊不知,介绍时间太短往往会让顾客觉得不受重视。所以,我建议给顾客讲产品时间不能低于5分钟,最好是10分钟,这样的话你的销售额肯定会提高的。我曾经做过统计,不是说每一个讲产品讲得多的销售额就高,但是按照比例来看,确实介绍产品所用5分钟以上的销售出去的机会更多,占比能达到80%以上,可见熟悉产品很重要。

二是形成完整的NFABE流程。

传统的FABE销售法则也可以用,很多人也都会。所谓FABE销售法则,简单来说它是通过四个关键环节解答消费者诉求,从而实现产品的销售诉求。

其中:F(Features,特性)指的是本项产品的特质、特性等方面的功能;A(Advantages,作用),即从特性引发的用途;B(Benefit,好处),是指作用对顾客的好处(这一点因顾客需求而不同);E(Evidence,证据),即拿出证据让顾客相信你所说的话。

传统的FABE销售法则虽然很多人都会用,只是很多人忽略了一个问题,那就是需求(Need)。大家别忘了,FABE前面一定要加上一个"N"(即Need),这就形成一个完整的流程——NFABE。

说到销售,在销售领域内还有一个著名的故事——狼和肉的故事,这个故事其实就是NFABE的灵活运用。

故事讲的是,一只饥饿难耐的狼想要大吃一顿(NFABE中的Need),这时销售员给它一摞钱,但是这只狼没有任何反应,因为这一摞钱只是一个属性(即NFABE中的Feature)。销售员过来说:"狼先生,我这儿有一摞钱,能买很多肉(NFABE中的Advantage),你就可以大吃一顿了(而这个就是NFABE中的Benefit),你看我刚才就买了一大块肉(而这个就是 NFABE 中的 Evidence）。"

话刚说完，这只狼就飞快地扑向了这摞钱（这个时候就是一个完整的 FAB 的顺序）；而狼在吃饱喝足后，需求也就会跟着变化——它不想再吃东西了，而是想找个女朋友了。如果销售员说"狼先生，我这儿有一摞钱"，狼肯定没有反应。如果销售员接着说"这些钱能买很多肉，你可以大吃一顿"，狼肯定还是没有反应，其原因很简单，它的需求变了。由此可见，销售员在推荐产品的时候，只有按 NFABE 的顺序介绍产品，才能有效地打动顾客。

我们在进行推销时，完全可以运用这样的话术："王姐，因为您要去出席宴会，所以这件产品，它的优点是……和其他同类产品相比，它的特点是……它带给您的好处是……我们×××出席宴会穿戴的就是我们这款礼服。"这是一个 NFABE 的标准句型，只需要将销售的产品知识套进话术公式即可。当然，要做到顺其自然地说出来，就需要经常练习。

正确的沟通方法：

讲产品，让顾客知道贵的原因！

12. 顾客问能不能便宜点,怎么应对

顾客说:"你能便宜点吗?"我们如何作答呢?

"不能。"(错)

"请示一下!"(错)

"打完折也不贵啊!"(错)

"不好意思。"(错)

记得有一次我去买东西,结账的时候问导购员有没有折扣,导购员白了我一眼,很不耐烦地说道:"没有折扣!"我心想买了1000多元钱的东西,怎么会一点折扣也没有呢?于是继续问道:"好多地方都可以办会员卡打折,我买了这么多东西,多少应该有点优惠吧?"结果这个导购员直勾勾地瞪着我,坚决地说:"你买两千多都不可能给你打折!"当时,我真想将购物车里的东西统统放回货架去。

一般来说,顾客在导购员讲完产品之后经常会追问:"你能便宜点吗?"这是再常见不过的现象了。作为导购员,面对顾客的这种疑问,究竟要如何表达才能既不刺激到顾客,又能不降价呢?

前提条件是不能降价。那么,怎么应答呢?我们不能直接说"不能!"强烈的正面的拒绝往往会让顾客对你有强烈的反感。就像男孩子追女孩子,男孩子说:"晚上一起吃饭吧?"女孩子说:"不行!"男孩子说:"一起看电影吧?"女孩子说:"不行!"男孩子说:"一起散步吧?"女孩子说:"不行!"这样的几个回合下来,只要女孩子总是这样拒绝男孩子,男孩子最后必会转身去追求其他女孩子。

销售也是一样,当遇到不能满足顾客要求的时候,我们要学会绕开顾

客提出的问题，不要直接回答。因为只要一进入价格谈判我们都会变得被动，毕竟钱在顾客手里，而我们的优势是产品，我们比顾客了解产品。

其次是绕开价格，用产品吸引顾客。任何顾客来买东西都会砍价，对此作为导购员应该做好心理准备。在生活中，我们也有自己买东西砍价不成功的时候，最终还是会因为产品适合自己而选择了付款购买。所以顾客砍价属于正常现象，我们需要先绕开价格，用产品吸引顾客，而不是过多地在价格上纠缠。只要东西物有所值，就不怕顾客不购买。

那么，当顾客问"能不能便宜点"的时候，导购员究竟要怎么回答顾客呢？

相信大多数人都在小摊上买过苹果，当你要求摊主便宜点将苹果卖给你的时候，摊主不会直接拒绝你，他会反问你："你要多少啊？"这时你可能就会有一种想法：我要得多，他就便宜的多。那么，你怎么回答？聪明的人会反问他："你能便宜多少啊？"这时候卖苹果的摊主就该想了：我要便宜的多，他就会要的多了。此时，作为消费者的你，才抓住了主动权。

在你提出降价要求的时候，聪明的摊主往往会说："美女，你先尝尝，看看甜不甜，如果不好吃，你也不会买啊！"于是很多人就拿起来尝了一口。像我这样的人，一般吃人家东西，不买都不好意思，多多少少都会买点，估计有不少人有我这种感觉，于是苹果就卖出去了。那如果是卖衣服的呢？同理，我们一定要让顾客"尝"。

我们往往会对顾客说："您可以先穿上看合不合身，如果不合身，再便宜您也不会要的，您说是吗？来，您这边试一下。"鼓励顾客试穿，只有顾客穿上衣服，我们才有机会赞美她。顾客亲身体验之后，才会感受到产品的价值。可见实现产品销售高业绩的最直接、最简单、最好用的办法，那就是一定要让顾客上手、上身。

比如这样说："您先看这台电视的画面怎么样，如果画面不行，您肯定不会买的。你调台试一下""你先戴戴看这块玉坠喜欢不喜欢，如果不喜欢你肯定不会要，来，我帮您试戴一下""您可以先穿上看合不合身，如果不合身，再便宜您也不会要的，您说是吗？来，您这边请。"……

绕过价格,将顾客的注意力转移到产品上,只要顾客对产品满意,价格问题顾客就可以忽略不计了,毕竟顾客是来买东西的,不是来省钱的,他也知道买东西要花钱。

正确的沟通方法:
让顾客试穿、试戴、试用产品,感受产品的好处。

导购:别输在不会沟通上

13. 顾客说在网上买，怎么应对

有的顾客说："我还是在网上买吧！"面对这种顾客我们如何应对？

"网上都是假货。"（错）

"我们搞活动。"（错）

"送你个赠品吧。"（错）

"一样的。"（错）

如果顾客说"在网上买"，有两种常用的应对方法：一是列举网购弊端，二是给出解决方案。

列举网购弊端即通过讲故事的方式让顾客明白网上购物的缺陷及危害的严重性，提醒顾客在购买中的注意事项。所列举的弊端应该是真实和可信的，而不能是编造和虚构的。并采用"轻则……一旦……万一"的语式，帮助顾客意识到问题的严重性。

比如说："我一个朋友就曾经贪价格便宜在网上把××买回家，结果买回家之后后悔得不得了，因为产品的质量给他带来非常多的难题，要去维修，自己天天上班又没有时间送去维修，继续用又没办法用，结果买了之后不是幸福的开始，而是天天烦恼。"

再比如说："网上购物一旦买到跟图片相差很大的衣服，轻则穿上不好看，买家秀跟卖家秀差别很大的。万一再出现质量问题，再调换就麻烦很多了，如果咱们这里连他家的体验店都没有，那要处理就更加复杂了，说不定你把东西邮寄回去，还能不能邮寄回来都不一定。"

这么说可能会觉得吓人，但不会提到具体的某个人，又可以提醒顾客质量的重要性，售后服务的重要性，让顾客自己去启发自己，而且通过列举网购弊端，还可以教育顾客。所以说列举网购弊端是一个很好的销售技巧。

给出的解决方案至少要有三种：上策是理想的购买，即又便宜又好，这种通常是理想中才有的；中策是在我们店购买则物有所值，虽然不便宜但是根据同等品牌、质量、售后来说我们的也不贵；下策是提供网络购买的便宜的方案，但是网上货品管理不规范，图片经过处理，所以货品参差不齐。一般情况下，理想的目前实现不了，实现了就不能再叫理想了，差的又不愿意选择，所以大部分人会选择中策从而去店里购买产品。

顾客最终还是看产品后再决定是否购买。所以你会发现有的顾客很挑剔，看产品时一丝不苟，有点小毛病就挑三拣四，这样做我认为是对的。在购买产品的时候，多数顾客会以产品质量为购买的依据，而不是只看重价格或者是省力逛街。所以，当顾客说要上网购物时，导购员不妨就网上产品的可靠性来作为导购依据，相信顾客还是会接受你的建议的。

 正确的沟通方法：
列举网购弊端 + 讲本店产品优点（品牌、服务、产品等）。

14. 顾客进门就问价格，怎么办

很多顾客一进门就问价格，而有的导购员就做如下回答：

"880！"（错）

"打过折880！"（错）

"你想给什么价？"（错）

"我们全国统一价。"（错）

比如，顾客一进店就问："你们这件衣服（或其他某产品）多少钱啊？"

很多导购员会说："这件衣服是我们的秋季新款，880元。"

顾客一听："太贵了！"

导购员："一分价钱一分货，你要看质量。"

顾客听完说："我再看看吧。"然后转身离去。

那么，究竟如何应对一进门就问价格的顾客呢？一般有两种方法，第一种就是上面说的方法，即不告诉其产品价格，而把注意力转移到产品上去，这就是迂回法。顾客一进店就问衣服多少钱，导购员可以尝试让顾客试穿。顾客既然问衣服的价格，说明他还是比较喜欢的，要不然他也不会看到这件衣服就直接问多少钱，至少顾客对这件衣服还是比较感兴趣的。

第二个方法则是铺垫告诉成交法。

顾客不听你解释，非要你说价格。比如，顾客进店就问："这件衣服最低多少钱啊？"导购员回答："衣服只有上身，才如何如何……"顾客："别说那么多，说吧，最低多少钱？"导购员："不是，您先看看这件衣服……"顾客："什么不是，不用看，你说吧，最低多少钱？"导购员："我们这里的新款……"顾客："我知道，说呀，最低多少钱？"顾客上来砍

价砍得导购员遍体鳞伤，步步倒退，于是很多导购员就架不住了，直接告诉顾客"880元"。顾客马上返过来一句话："太贵了，400卖不卖？"

导购员马上和顾客进入了价格谈判。当顾客不了解产品的优点所在时，谈价格是最不利的。那么，怎么回答这种一进门再三追问价格的顾客呢？分四个步骤：赞美、讲特点、报价格、问顾客（二选一成交）。

当顾客追问价格时，我们完全可以这样回答："您真有眼光，这是我们这里卖的最好的款式了，它是纯棉手工制作，穿上特别舒服（产品特点，一句话说出来），现在最低卖880元，您看您待会儿是刷卡方便一点还是付现金方便一点？"

可能有朋友会问，刚见面就问顾客刷卡还是付现金，是不是太心急了？其实不然，这样再三追问价格的顾客，一般都是比较豪爽的顾客。其中多半是男士，他们本身比女性顾客的购买目的性强，而这样强烈想要知道价格的顾客往往是已经看上了这款产品，所以我们也可以不用犹豫，直截了当询问顾客的付款方式。

如果你问他"您看您待会儿是刷卡方便还是付现金方便"，顾客却回答"我再看看吧"，这时你千万不要说"谢谢光临，请慢走"。记得一次我去买鞋，试穿一双鞋之后，感觉上脚效果不太好，便对导购员说："美女，我再看看吧。"我的本意是想要看看其他款式的鞋子，结果这位美女直接说道："哥，门在这边。"要知道本来我是想到店里其他地方看看，她这么一说，我只能走了，所以很多顾客都是被导购员赶走的。

尤其是女性顾客，购物结束后，一般不会想立即离开，多半会想再多看看，导购员应该引导顾客多看看，这样不仅能够增加出单量，同样也能加深顾客对产品的印象。所以，这里教大家一个技巧，那就是留住你的最后一名顾客，能留多久就留多久。

大家可以想一下，店里有哪怕是一位顾客，也是跟没有一个顾客时的客流量不一样的，有顾客的时候其他顾客会跟风进店，如果店里只有导购员，那么给顾客的感觉是冷清，是没人气没生意，顾客一般也不怎么愿意进去，也怕被导购员缠住。

报完价格,说出成交,这时候顾客说"我再看看吧",很多时候是想再看看这个衣服或者想看别的衣服。因此我们所要做就是让他试穿这件衣服,或者帮他找其他衣服,让他彻底喜欢上。

报完价格,说出成交,顾客说"你再便宜点,我就要了",这时导购员不要答应再便宜些,多送个赠品就可以了。

一般情况下,我们在赞美、说优点、报价格之后,50%的顾客就可以结束销售,一分钟就可以简单搞定了。

正确的沟通方法:

对一进门就问价格的顾客的话术结构是:赞美+讲特点+报价格+问顾客刷卡还是付现金(二选一成交)。

15. 顾客说再便宜点才买，怎么办

很多顾客常说："你再便宜点，我就买了。"如何接待这类顾客呢？

"真的不能再便宜了！"（错）

"我要自己往里贴钱的！"（错）

"就没卖过这个价。"（错）

"爱要不要！"（错）

顾客说"你再便宜点，我就买了"，这说明顾客已经看完产品，而且对产品的满意度极高，因此才会要求价格便宜点，同时也是在试探我们的低价是多少钱，怕买亏了。

有时候你让顾客说个价格，顾客反而不说，顾客会说只要你再便宜点他就付款，这是因为顾客并不知道最低的价格是多少。那么，此时怎么办呢？只能告诉顾客底价。我们可以这么说："大姐，我们这里最低卖888元，给您的已经是底价了，您放心，在我们店里您买的已经是最便宜的了。"

在这里要介绍两个简单的价格技巧：第一个技巧就是常用的周期分解法。比如说："小姐，一件衣服卖720元，可以穿两年，一天还花不到一元钱，很实惠了。"或者说："小姐，一个包才卖360元，可以用两年，一天还花不到几毛钱，物有所值啊。"这是最常用的。

第二个技巧比较简单，但是大家却恰恰用相反的销售技巧，那就是用"多"取代"少"。什么意思呢？我们经常听见导购员这么说："姐，您少买件衣服就省出来了。"或者说，"哥，你少抽两包烟就省出来了""帅哥，少去两次网吧就省出来了""美女，少化两次妆就省出来了"等等，这是我们常听的或者常说的，但却是非常错误的。因为这些话统统会让我

们的顾客感觉到痛苦。

人之所以进步有两种原因：一种是向往快乐，一种是避免痛苦。当然从某种意义上说痛苦更能让人进步，比如想让一条狗跑快点，就在它前面放骨头，然后在后面追着打，而追着打的时候跑得更快。但是我们不能让顾客感觉到痛苦，门店销售更多的是让顾客向往快乐，避免痛苦，这样顾客才能舒服地购买，从而更加喜欢来我们店购物。

对于烟民来讲，你让他少抽一根烟他都觉得难受，更别说两包了。对于网迷来说，他会千方百计去上网，少去两次是他最不愿意的。对于女孩子来说，少化两次妆根本不可行，她宁可呆在家里不出去也不能不化妆就出去。

这些事实都告诉我们，作为一个导购员，要做的就是把顾客的痛苦变成快乐。为此，导购员完全可以这么说："就如同您多抽了两包烟""就如同你多去了两次网吧""就如同您多去了两次美容院"等等，这些话能让顾客想到快乐。

当然，在实际销售过程中，以上两招是可以一起用的。比如说，"小姐，一件衣服卖720元，可以穿两年，一天还花不到一元钱，就如同您多去了两次美容院一样！""小姐，一个包才卖360元，可以用两年，一天还花不到几毛钱，就如同您每天多喝一包酸奶一样！"你这样说的时候顾客想到的是快乐，心情自然会好，心情好自然就会愿意消费了。

   正确的沟通方法：

用"多"取代"少"。

16. 顾客说他认识店老板（领导），想便宜点，如何应对

有的顾客说："我认识你们老板（领导），便宜点吧。"针对这类顾客怎么办呢？

"价格就是我们老板定的！"（错）

"我们老板买也是这个价格！"（错）

"老板只是股东之一，没有这个权利。"（错）

"老板来了也不行！"（错）

有的导购员也会这样说："你认识我们老板，那你给我们老板打个电话，我们老板白送给你都没关系。"如果这样说，那么老板就无情地被你出卖了。与此同时，如果顾客说"那好，我出去给你们老板打个电话"，说明顾客将从此再也不会回来了。顾客为什么会这样做？因为他根本不认识你们老板。其实，99%说这句话的人都不认识，最多跟店铺老板有一面之缘，泛泛之交，他连你们老板的电话都没有，你让他怎么打电话。

有的导购员说，顾客要真认识老板怎么办？我们可以想一下，我们找自己的熟人买东西时会怎么做呢？我们往往都是直接打电话，或者提前打好招呼，肯定不会到店里试了半天，然后在砍价的时候才去找熟人。

有的导购员一听顾客认识老板，便直接打电话给老板，这样的例子不在少数。有一次我在一家商场做培训经理，我和人事经理一起在向老总汇

报工作，突然老总接到一个导购员打来的电话，听完电话后老总叹了口气，对着话筒说道："总共多少钱啊？算了，别要她钱了，既然打通了，把电话给她，让我给她说两句吧。"随后又聊了几句，就把电话挂了。

老总看看我们说："这人（导购员）真不懂事，人家提了一下我，要么就直接便宜点，要么不便宜，给我打电话，那么一点钱，我只能给免了。让她接个电话，是让她知道这个人情是我送的。"

原来，在商场的一楼有个修表专柜，一个顾客来修表，表修好后，顾客说"我认识你们老总，便宜点吧"，结果这位修表的师傅便给老总打了个电话。

本来修表的钱也就百十元钱，而这位顾客跟老总也仅仅是见过面，说过话而已，交情并不深厚，但电话打通了，作为一个商场老总，总不能说不认识人家，毕竟见过；也不能说便宜几元钱吧，这不符合老总身份，只能给免费了。

可能这位顾客当时也就是随便说说，并没有想到一个修表的师傅能直接给老总打电话，或者只是想让便宜一点，没想到会直接免费。

当然，你也不能说"你根本不认识我们老板，忽悠我"，这样他肯定不买，因为你让他没面子。中国人最讲面子，所以接待说认识你们老板的顾客，不要当面揭穿他，你要做的就是把面子给他就行了，但是绝不降价。

那么，究竟该怎么对顾客说呢？

首先，我们要先承认他是老板的朋友，把面子给他，然后我们再转折。我一般喜欢用"哭穷"法和感谢法，"哭穷"法可以让顾客觉得你很辛苦，感谢法就是对顾客表示感谢，让顾客不好意思再砍价。

比如，我们可以这样对顾客说："能接待我们老板的朋友，我感到很荣幸，只是，目前生意竞争激烈，您来我们店里买东西这件事，我一定告诉我们老板，让我们老板对你表示感谢。"如果感觉时机可以，那么再加一句，"您看您待会儿是刷卡方便一点还是付现金方便一点？"这样就可以结束销售了。

这里注意一点，转折词不能用"但是"，因为"但是"已经让人们反

44

感透了，换成"只是""同时"。还有一个词是"而且"，这个词不常用，但效果很好。比如顾客问买多点能便宜吗？我们就说："可以，而且买得越多越便宜！"或者说："可以，但是买得越多越便宜！"这两种说法给人的感觉是不一样的，不妨试试！

 正确的沟通方法：
善于使用"哭穷"法和感谢法。

17. 熟人或熟人介绍的人来买东西，怎么办

熟人或熟人介绍的人来买东西时，有的导购员是这样说的：

"你先挑，最后给你优惠。"（错）

"咱们是熟人，你选吧。"（错）

"你看着给吧。"（错）

"你说多少就多少。"（错）

我在给河北一家珠宝店做培训的时候，有一天晚上吃饭时珠宝店老板娘谈到了这个话题，说她姐姐的朋友来珠宝店买东西，之前打过电话了。姐姐的朋友来了之后，寒暄过后问她"能便宜多少"，老板娘说："这样吧，您先挑，挑好了，我给您优惠。"姐姐的朋友听完这句话，假装看了两眼，然后找了个借口就走了。借晚饭之机，老板娘问我这是怎么回事儿？

很多街边店的老板也遇到过这种事情，熟人应该来这里买东西，怎么又跑了呢？那是因为熟人怕被你宰，而且被宰了还没话说。

在别的地方买东西觉得价格高还能砍价，在她这里买东西又不好意思还价，砍价又怕伤感情，她又说得那么模糊，"挑好了我给您优惠"，如果挑好了再被她宰，就只能吃哑巴亏，所以只好去别的店购买，而且以后也不会再来购物了。

所以，你千万不要对顾客说"你随便给吧"这句话，否则到时候顾客给多少你都不会满意。而且如果别人对你说这句话，我建议也不要跟她做生意，因为你给多少她都不会满意的。

那么，遇到这种情况怎么说呢？你要告诉熟人你的价格底线，让熟人心里有数。中国人很会算的，都能做到心中有数，当熟人感觉这个价格确实比别的地方低的时候,他就会购买的。因此,我们可以这么说:"李哥,您是我姐介绍来的,我不赚你钱,卖给别人是八折,给您七折,您挑吧。"这样一说,他就有了一颗"定心丸"。可能他买的时候也到别家看过,不管看过没看过,前提是你确实比卖给其他人的便宜些,这样你们关系更好,而且还会介绍人来。

这里面一定要说的一句话是"我不赚你钱",千万别说"我少赚点"。中国人说"不赚你钱"其实就是少赚了点;如果你说"少赚点",那么顾客的心理承受不了,心想都是熟人还要赚钱?所以要说"我不赚你钱"。外国人可以说"我少赚点",他们比较商业化,中国目前是商业化和人情化的结合体,合理赚钱,也要符合国情。

正确的沟通方法:

不宰熟,给优惠!

导购:别输在不会沟通上

18. 老顾客要求优惠，怎么办

常有顾客说："老顾客也没有优惠吗？"我们如何回答？

"您是老顾客，更应该知道我们一直不打折的！"（错）

"知道您是老顾客，给您报的价格就是底价！"（错）

"你是老顾客，都没给您多报价！"（错）

"您是老顾客的话，应该有我们的会员卡！"（错）

"您是老顾客，我怎么没见过您？"（错）

有的顾客砍价，让你便宜点，结果你拆穿了顾客，让顾客觉得没面子，顾客只能说"我再看看"，然后转身离开。后面的这两句话是应对顾客砍价的一种手段，不管他是不是老顾客，我们都把他当老顾客看待，只是价格可以不便宜。

"老顾客也没有优惠吗？"很多老顾客这样问。其实不妨想一下，老顾客来你这里买东西绝不是因为你这里东西比别的地方卖得便宜，现在的社会是供过于求的时代，竞争相当激烈，任何产品都可以找到很多个贩卖的商店，比如一台VIVO手机，在国美和在苏宁没有什么变化，都是VIVO手机，不同的只是你这个人——导购员，你可以让一台VIVO手机变得更有魅力，而且是不同于其他产品的魅力。

因为顾客喜欢你，所以才成为你的老顾客，如果讨厌你，第一次就不会在你这里购买，更不会成为老顾客。也就是说，顾客觉得你和他不仅是买卖关系，更多的是朋友关系。顾客拿你当朋友，他甚至会觉得"这是我朋友的店"，并可能对他的朋友这样说："你要买VIVO手机，就去××店里找那个小张，我跟他是朋友，你提我的名字，放心好了，他一定给你很好的服务，还会给你一款很好的赠品。"

所以当老顾客提出优惠的时候，我们千万不要直接拒绝，说出"您是老顾客更应该知道这里不能优惠"的话，这样的话术会给老顾客当头一棒，他会想：我来这么多次了，难道我不知道不能优惠吗？我也就是这么问问，你就直接驳斥了，你的意思是，我更应该知道不打折，不应该问这么白痴的问题？！

老顾客的评价是考验产品质量、导购员眼光、服务水准的重要标志，如果顾客来一次，没有第二次，那很可能就是上面的几点有问题。有人这样问我说：邰杰老师，我是我们店销售能力最差的导购员，怎么办啊？我的回答是：你销售能力这么差，你的顾客都跟你买东西，那说明她对你们店和你是多么认可啊！这样的顾客比那些销售好的导购员的顾客更忠诚，你业绩不好的时候开发老顾客就行了。

老顾客本身是因为和你有感情才来购买产品的，而不是为了你家比别的地方便宜才来的。只要你的产品价格不比别的地方高就可以了。体现"二八法则"的"20%的老顾客创造80%效益"这句话，足以表明老顾客的作用有多大。首先老顾客回来找你，基本可以说有合适的就买，再者也会口口相传。

那么，面对老顾客提出的有没有优惠的问题，我们该怎么回答呢？很简单，把面子给老顾客，让老顾客感觉到你的诚意与真心即可。比如可以这样说："感谢您一直以来对我这么照顾，只是我确实没这么大的权利，等下次有赠品的时候，我申请一下，给您多留一个。"

在此提醒一点：熟人生处。意思是说，顾客拿我当朋友，我们还要拿顾客当顾客，不做哥们、姐们。

顾客如果对你说"你不用这么客气，我们都这么熟了"，那么作为导购员，我们千万别信以为真。在平时交往中，该礼貌还是要有礼貌，如果我们真的"不用这么客气"，将会失去这位老顾客。

 正确的沟通方法：

给面子 + 诉苦 + 赠品。

19. 顾客说"没听过你家的品牌"怎么应对

顾客说:"你们家的品牌几年了?我怎么没听说过啊?"如何解答这种疑惑?

"姐,您可能很少来这条街逛。"(错)

"不是吧,我们这么大的牌子,你都没听过?"(错,这是严重鄙视顾客!)

"可能您逛街的时候没看到。"(错)

"你没听说的牌子多了。"(错,这是严重讽刺顾客!)

以上的几种表达方式,都是在藐视顾客,那意思就是:你不懂流行,你不懂时尚,你OUT了,你老古董……

如果有顾客问"你们家品牌几年了",我们可以直接回答说"我们品牌三年了"。但是如果有顾客说"我怎么没听说过啊?"我们无论如何不能回答,因为无论你怎么回答都有藐视顾客之嫌。事实上,"我怎么都没听说过"这句话,可能只是顾客的随口一问,如果你回答了,顾客可能会不断发问,最终顾客会因为你的回答而离店。

所以遇到这个问题我们要引导顾客按照我们的思路走。那么,具体怎么引导顾客呢?一个字,那就是问。正如俗话所言:"一个好的导购员就是一个问对问题的导购员。"

第一个人问牧师:"牧师,我可以祈祷的时候抽烟吗?"牧师说:"不行,那样是对神的不敬。"第二个人问牧师:"牧师,我可以抽烟的时候祈祷吗?"牧师说:"可以,神随时与你同在。"同样的是一边抽烟,一边祈祷,因为问话的方式不同,得到的结果也不同。

没有经过训练的人,一般都喜欢先回答问题,只要你反问了顾客一句话,顾客就会先回答你的问题。来看这样一个场景——

顾客:"你们家品牌几年了?"

导购员:"我们家品牌三年了?"

顾客:"我怎么都没听说过?"

导购员:"请问您是什么时候注意到我们家品牌的呢?"

顾客:"今天刚注意到。"

导购员:"那太好了,正好了解一下,我来帮您介绍。"

顾客这样发问,只能说明我们品牌的知名度不够高,这是我们的劣势,也是我们要努力改进的方向,所以不要纠结在这点上,直接带过去,不在这个问题上过多纠缠!

 正确的沟通方法:

"请问您是什么时候注意到我们家品牌的呢?"

20. 顾客说"款式过时了",怎么回答

顾客说"款式过时了",导购员应该怎么说?缺乏经验的导购员常常会这样说:

"不过时!"(错,这是直接否定了顾客。)

"很多老顾客都很喜欢这种老款!"(错,因为老顾客喜欢,不代表这个顾客也喜欢。)

"卖这么久正好说明质量过硬。"(错,因为质量好是及格线!)

"我们这边有新款。"(错!转款只能是最后一招。)

那么,如果顾客说"款式过时了",我们怎么回答才好呢?这样的问题分两种情况:一种是真的过时了;另一种是新款,但顾客看错了,看成过时的款式了。

我们先说如何应对第一种情况——真的过时了。

产品的确已经过时,顾客说的是对的。很多导购员会说"这是经典款,好东西永远流行";或者说"是的,好东西才会卖这么久。比如六指皇冠型钻戒流行两百多年了,现在依然流行";或者说"我们的老顾客喜欢这些经典款,所以我们留了一些专门服务老顾客"。

珍藏版、限量版、纪念版这些说法都不能算错。因为我们没有否定顾客,而且把产品的价值表露出来了。但我们换一种说法,效果会更好。当顾客说"过时了",我们完全可以回答说"所以现在买最实惠"。这样说其实很符合顾客的心理,因为在顾客的心中,过时的产品肯定比新款便宜,2008年奥运会福娃T恤一件卖百十元钱,现在却没人穿了,当奥运会福娃T恤作为福利发给员工,员工都不一定要,因为现在穿出去让人看到感觉很 OUT。

再来说说如何应对第二种情况——顾客看错了，错把新款看成过时的款式了。

面对错把新款看成过时款的顾客的误会，我们一是不能直接否定误会的顾客，说"这是新品，您看错了"，二是不能顺势承认这是老款。

未来80%的顾客投诉，不是因为质量问题，而是因为导购员一句话没说对，顾客一拍桌子，大叫"我要投诉你，叫你们领导来"，所以我们每说错一句话就是在挑衅顾客的耐心。俗话说得好："你怎么对别人，别人就怎么对你。"尊重顾客，是我们销售的前提。

那么面对顾客将新款误以为旧款的情况，我们该怎么说呢？可以这样说："是的，这一款确实和以前的那一款有些类似，只是（不要用'但是'）我们在这里做了一些改进……在这里也做了一些创新……在这里还做了一些创新……"最后让顾客自己得出结论——"这是新款！"

如果真过时，就说"所以现在买最实惠"。如果是新产品，就说"是的，这一款确实和以前的那一款有些类似，只是（不要用但是）我们在这里做了一些改进……在这里也做了一些创新．……在这里还做了一些创新……"

正确的沟通方法：

不要否定你的顾客，他说"产品过时"即使是真的，也要先认同，再引导。

21. 顾客说他不需要这么好的东西，如何应对

顾客说"我不需要这么好的东西"，缺乏经验的导购员会说出下面的话：

"这也不算好。"（错）

"这才配上你的气质。"（错）

"你也不差钱。"（错）

"你可以再看看。"（错）

当我们给顾客推荐一款我们自认为不错的产品，顾客也觉得不错，只是在价格方面接受不了，觉得太贵，或者有很多功能用不上，这时顾客常常会说："我不需要这么好的东西。"

面对这种情况，有的导购员说"不喜欢这款，可以看我们另一款比较实惠"，这样说是错误的，因为转款应该是最后的一招，不要一开始就用这招。

有的导购员说"其实这也没那么好"，这样说也是错误的，因为这样的一句话，就足以将产品所有亮点全盘否定了。

有的导购员说"其实这也不算好，这边还有更好的"，这样说也是错误的，因为这样的一句话会让顾客觉得有失面子，心想：这款我都觉得很不错很贵了，你还说旁边还有更好的，这也太伤人自尊了！

我就曾遇到这种事情，有一次周末去商场买DVD，导购员介绍了一款600多元的机器，我平时偶尔看看碟，也不唱卡拉OK，其他功能基本上用不到，我觉得300多元的DVD就够用了，于是就说不需要这么好的，结果这位帅哥导购员直接说道："大哥，其实这也不算好啦，我们旁边还有3000多元的呐！"听他说完这话，我只好转身离开了。

导购：别输在不会沟通上

顾客嫌弃好东西价格高，这是很常见的事情，所谓的价格高可能是真的高价产品，或者是超出了顾客的预算。要知道好东西谁都喜欢，要想让顾客买单，那么只要让顾客感觉到产品值这个价格就可以了。

当顾客以"我不需要这么好的东西"为借口时，导购员完全可以这样回答："这样的价格，买这样的东西，已经是最划算的了。"这句回答是为了让顾客意识到我们的产品看似价格高，但是一分价钱一分货，这样的价格只能证明我们的产品质量性能好，用这样高的价格买这件产品也是超级划算的。

如果在我们说出这些话之后，顾客还是不肯购买，那么再考虑转产品，给顾客介绍其他的产品。当然，再重复一下：转款应该是销售过程中的最后一招，不要一开始就用。

 正确的沟通方法：
"这样的价格，买这样的东西，已经是最划算的了。"

22. 顾客说"超出我预算了",如何应对

顾客说"超出我预算了",导购员应该如何答对?

"预算也不一定准确啊。"(错)

"计划赶不上变化。"(错)

"再加点钱也没事。"(错)

"你别谦虚了。"(错)

当导购员给顾客介绍完产品以后,顾客的回复是"超出我预算了",面对顾客这样的回答,很多导购员可能会做出这样的选择,那就是转而介绍其他产品,而且有的导购员还自认为是在为顾客考虑,说"我们这边有便宜的,您这边看一下",但是接下来的情况是,顾客只是随便看了两眼,然后离开店铺。

很多导购员不明白,为何为顾客考虑了顾客还会离开呢?因为这让顾客感到伤了自尊,让顾客感觉因为他自己带的钱不多,只能买便宜的产品。由此可见,转款不是不对,不是不好,但这只能当作最后的一招。

顾客只是说"超出我预算了",并没有说买不起,而且并非一定不购买产品。顾客说出这句话的意思很明显,就是想让你降价,那么你该怎么办呢?如果你讲了很多产品性能之后,顾客表示超出预算,其实就是想让你便宜点,你只要接着讲产品优势来刺激顾客就足矣,实在不行可以应允顾客,赠送礼品。

当然,你还可以直接问顾客的预算是多少,在询问的时候,一定要注意自己的态度,要面带微笑,最怕的就是开始的时候微笑迎客,一说超出预算马上态度严肃起来,这种反差的"变脸"是顾客最讨厌的。

我在销售过程中遇到过这样一件事:有一天,我所在的店里走进来两位顾客,一男一女。他们要买一枚结婚钻戒,我推荐了一款给他们,他们很高兴,戴着也很合适,而且不用改圈。可是,到要交钱的时候却决定不再购买,反而转身离开了。

事后我检查了一下自己的销售过程,发现开始的时候我们是微笑着交谈,后来该交钱的时候,我的表情有些严肃,脸上失去了微笑。我就想,顾客可能会觉得我开始的微笑是为了让他们买东西,我的目的性太强。所以,接待顾客时,要从头到尾始终面带微笑。

当顾客表示超出预算时,我们可以直接这样问:"先生,我想问一下您的预算是多少?"问出预算,然后才能做有针对性的精准销售。通常情况下,顾客给我们报预算时都会报得低一些,那么我们介绍的时候可以稍微高一点,但不要太高,要掌握好尺度。

我还经历过这样一件事:有一天,店里来了一对情侣,女士要买一枚钻戒,他们先看了一枚2000多元的,女士戴上以后就不想脱下来了,我又把女士往价位稍高一点的柜台引导。果然,女士又看中一枚4000多元的钻戒,戴在手上一比,她自然更加喜欢4000多的那款。站在一旁的男士一看价格,便假装看别的钻戒,向另一边转,谁知道他正好转到价位更高的柜台,女士走过去想让他看看4000多元元的钻戒,结果又看中一个8000多元的钻戒。

女士问我两个款式哪个好看,我说:你戴上是给你男朋友看的,问问你男朋友吧。女士问男朋友哪个好看,男的只好说8000的好看,同时瞪了我一眼。为了不让男士带着嫉恨出店,也为了积攒老顾客,我又拿出一枚6000多元的钻戒递给女士,并告诉她,这款钻石大小和8000多元的那款差不多,但戴上效果是一样的。男的也在一边附和,并且不再紧张,最终男士很快就买下了。

顾客在表露出产品超出预算时,导购员应该能够看出来,并及时调整介绍产品的价格档次,从而尽力留住顾客,甚至将顾客发展为老顾客。

正确的沟通方法:

"先生,为了帮您选到最适合您的产品,我想问一下您的预算是多少?"

23. 顾客说钱没带够,怎么办

顾客说"我钱没带够",对顾客这种比较直接的陈述,有的导购员是这样说的:

"没钱还来。"(错)

"您回家拿钱再来吧。"(错)

顾客一说"我钱没带够",有很多导购员会说"您可以先交订金",或者说"我给您送家去,货到付款就行了"。这些回答都可以,都是对的。

我有一次给一家公司员工做培训时就问到这个问题,参加培训的一个导购员说:"让他给家人打电话送钱过来。"大家哄堂大笑,因为他这种话给人一种绑票的感觉。

在此我需要强调的是,逼单次数不要超过两次,再多顾客肯定会反感,如果逼单两次顾客还不购买产品,那么不如放顾客走,至少可以给顾客留下好印象。

郭德纲的相声里曾经说到过一个笑话:一天郭德纲到庙里烧香,拜神以后,一个大师请郭德纲捐功德(就是捐钱)。下面是这个场景的描述——

郭德纲:"抱歉,今天没带钱。"

大师:"施主,没带钱可以刷卡,您这边请。"

郭德纲:"没卡!"

大师:"施主,您带身份证了吗?你带身份证的话我们可以帮您办理信用卡,您这边请。"

郭德纲:"没带身份证!"

大师:"施主,那你住店了吗?"

郭德纲："啊，我住店了，我来旅游肯定要住店啦。"

大师："太好了，施主，我们现在正在搞活动，凭房卡可以办理小额无息免担保贷款，您这边请。"

郭德纲："不办！"

大师："施主，那您愿意器官捐献吗？"

郭德纲："啊，来了我要死你们这儿啊！"

当然，这是郭德纲先生跟大师开的玩笑，从这个玩笑可以看出，如果逼单太急则会让人感觉很不舒服，似乎是在审讯和强迫顾客购买，最后顾客往往会疾步而走。

我在一家世界知名的快餐店也遇到过被逼单的事情，那天我就想吃他家的辣堡，然后就遇到了一个"锲而不舍"的收银员。

我："我要一个辣堡。"

收银员："我们新推出×××套餐，需要吗？"

我："不需要，只要辣堡。"

收银员："我们这套餐还送一个日历，上面有优惠券。"

我："不用了，谢谢。"

收银员："优惠券每月有一款特价产品。"

我："哦。"

收银员："套餐原价四十三元，现在每份便宜八块五。"

我："我只要辣堡。"

收银员："……"然后一脸鄙视地跟后面叫了一个辣堡，外卖袋里面连餐巾纸都没放。

再次强调：逼单一般最多不超过两次，否则适得其反。

 正确的沟通方法：

逼单最多不超过两次。

24. 顾客说买不起，怎么办

顾客说"我买不起"，面对这种很直接的陈述，有的导购员会说出下面的话：

"买不起，看看这边便宜的。"（错）

"买不起别看！"（错）

"您也不差钱！"（错）

"怎么可能？"（错）

绝大多数导购员听到顾客说这句话的时候，就开始转介其他产品，或转成便宜的产品，或转成促销的产品，或转成优惠的产品。当然，转介是最后一招。

我们分析一下顾客说"买不起"，是真的买不起吗？事实上，90%的顾客都是买得起的，不然顾客不会听你说那么多。我们不妨回想一下，你会不会浪费半天时间听一个导购员介绍半天自己买不起的东西呢？多半不会。由此可见，一个顾客听你讲了半天然后说买不起，90%都是假的。那么，究竟怎么区分到底买得起还是买不起呢？

如果你是一个老导购员，那么凭你的经验，从顾客的穿着打扮、言谈举止，你应该能感觉到顾客是否能够买得起。如果你是一个新入行的导购员，分不清楚顾客说的是真还是假，那么怎么办呢？还是问，直接问顾客。

问的时候，我们要站在顾客面前，把头稍微低点，双手下垂交叉在腹部，（就是接待顾客时的礼仪）这样显得我们谦卑。千万别趾高气扬，然后有点害羞地说："嘿嘿，大哥，我这个人比较笨，嘿嘿，我想问一下，您……您真的买不起吗？"

如果你真的这样说话，顾客可以有两种方式回答你，第一种："小伙子，你哪里笨了，你聪明死了，跟你开玩笑的。"这时，我们马上跟上："原来是这样啊，您看您待会儿是刷卡方便一点还是付现金方便一点？"就可以结束销售了。

第二种："哎呀，我是真的买不起啊！"我们再直接问："那您想买什么价位的啊？"如果您的产品是800元，顾客一定会说"我想买700元的产品"。顾客是真的买不起吗？其实顾客只是想让你便宜100元钱，那你要怎么办？导购员完全可以继续讲产品及产品的优势，最终让顾客觉得多花100元也是值当的。

如果我们问顾客想买个什么价位的，顾客回答"我想买个200元的"，那么，这就是真的买不起。遇到这样的顾客，我们千万不要生气，一定要控制自己的情绪，毕竟买卖不成仁义在，如果一个导购员控制不住自己的情绪，就无法控制自己的销售业绩，当你失控的时候，就难免会冲动，一冲动就难免后悔莫及。而人的情绪是可以控制的。

此时我们可以直接转介绍其他产品，而这次介绍的产品一定要符合顾客的价格要求。在转介绍其他产品的过程中，一定要保持微笑。

正确的沟通方法：

"先生／女士，您想买个什么价位的啊？"

25. 顾客说"美女，晚上一起吃饭吧"，如何应对

顾客对女导购员说："美女，晚上一起吃饭吧？"女导购员听到这话应该如何作答？

"不好意思，晚上有事。"（错）

"没空！"（错）

"我带我老公一起来！"（错）

"谢谢，不用了！"（错）

"好的，去哪儿？"当然，如果这位帅哥帅得让你心动，你愿意一起吃饭的话，我们也不反对。

"大哥，晚上吃饭好说，您先把这个东西买了吧，等月底发工资了我请您吃饭。"我也听过很多女孩子这样回答顾客。

大家想一下，顾客是真想请你吃饭还是假想请你吃饭？答案是不一定真想请你吃饭，有的男顾客确实看你长得漂亮，真想请你吃饭，但是大部分是假的，主要是想跟你客气一下，让你便宜点。

如果男顾客真想认识你请你吃饭，他会怎么做呢？肯定不会第一次见面在柜台前就请你吃饭，你拒绝他的机会太大，一般都是先问你微信多少，添加微信后跟你聊天的时候再约你吃饭，这是男孩子追女孩子的一套正规的邀约流程。男孩子要女孩子微信的目的就是为了邀约，约出来才有进一步发展的可能。

那么我们再想一下，顾客什么时候会说这句话？他不可能一进店就主

动请你吃饭,也不会在买单后说这句话,因为钱都给了,再说这句话没效果了,而是在即将买单之前说这句话。所以,顾客说这句话的时候就表明可以开票了,我们不管顾客是真想请吃饭还是假装要请吃饭,都应当作是假的,直接一带而过即可。

面对顾客的这种表达,作为女导购员,可以回答道:"您开玩笑了,您看您待会儿是刷卡方便一点还是付现金方便一点?"当女导购员听到这句话的时候,千万不要害怕,也不要觉得顾客是真的打算请自己吃饭,要知道顾客的心理,知道顾客为何说这样的话。

正确的沟通方法:

"大哥,您开玩笑了,您看您待会儿是刷卡方便一点还是付现金方便一点?"

26. 顾客问"你们公司倒闭或品牌撤柜怎么办",如何回答

在我们接待的顾客之中,有的人说话毫无顾忌,常常问一些让我们尴尬的问题,比如有顾客问:"你们公司倒闭或品牌撤柜怎么办?"对于这样的问话,我们怎样回答?

"我们是世界 500 强公司,资金雄厚,品牌卓越……"(错)

"我们公司撤柜,还有商场呢,现在商场都对产品负责!"(错)

"我们是世界 500 强连锁,这边撤柜世界上还有其他地方呢。"(错)

"我们这么大的公司你还担心,那你就别买东西了!"(错)

顾客不可能一进店就说你们公司倒闭或者品牌撤柜怎么办,如果顾客一进店真的这样说话,就说明这位顾客不是喝醉了就是来挑衅的,我们完全不用理他。事实上,很多导购员在听到顾客这样的表述后,第一反应就是想方设法向顾客证明自己的公司不会倒闭或撤柜。这样的回答不能说有错,也可以说是对的,但关键在于还可以做出更好的回答。

在现实中,不难发现顾客一般会在最后快付钱的时候才会说出公司倒闭或者品牌撤柜这样的话,顾客为什么最后付款之前会说这样的话呢?因为顾客决定购买,所以他是在跟你调侃开玩笑呢。类似的话还有,诸如"你很会销售哦""你口才很好哦"等等,如果顾客不想购买,他会说这也不错那也不错,然后转身离开。

如果顾客没决定购买又会是什么样子?顾客会很紧张,或者会很关注地看产品。换句话说,顾客问出这句话的时候,就表明他肯定会付款,因

此你准备好开票、收钱就可以了,不要在这个问题上过多纠缠。

既然我们知道了顾客说出这句话的目的,那么该怎么回复顾客呢?

首先,不能说我们公司不会倒闭,更不要力争公司不会倒闭。因为当你说到不会倒闭的时候,顾客听到的只会是"倒闭"两个字,并且听得最清楚,更何况倒闭传达出的负面意义,会给人带来很大的冲击力,相比之下,"不"这个字在他的脑海里则不会有任何印象。

我举个例子,当你听到"你是绝对不会买一头粉红色的小象"这句话的时候,你的脑海里出现的一定是粉红色的小象的形象,而不是"不"这个字。所以一定不要强调"不会倒闭"这四个字。

其次,对于顾客说出的这句话,还是一带而过为妥,比如可以说"先生,您开玩笑了",随后直接问"您看待会儿您是刷卡方便一点还是付现金方便一点",不管刷卡还是付现金,都属于交易成功,不要在那句话上过多的纠缠,这才是主要的。

正确的沟通方法:

"先生,您开玩笑了,您看您待会儿是刷卡方便一点还是付现金方便一点?"

27. 顾客说再看看吧，如何应对

顾客说"我再看看吧"，看似有所诉求，我们怎么办呢？有的导购员会说：

"别看了，都一样。"（错）

"就剩最后一件了。"（错）

"还看啥啊。"（错）

"不信你去比。"（错）

很多导购员听到这句话，认为这就意味着顾客要离店了，因此瞬间有种想打人的冲动。要知道，顾客走出店后被其他门店拦截下来的可能性是很大的，顾客再回来的可能性是很渺茫的，但导购员还不能说不允许顾客去货比三家。于是，很多导购员就像很为顾客考虑似的说："先生／小姐，货比三家也是对的，你可以去比比，如果不行，到时候再回来找我。"

顾客杀个"回马枪"的可能性是很小的，除非你的产品确实比别人的好很多，或者你的产品真的是"酒香不怕巷子深"，或者是你的产品在方圆几公里是独一无二的，否则顾客为了面子或为了价格也很少会回来。顾客心里很清楚，再回来讨价还价，那是绝对不可能的事情。其实，很多顾客说"再看看"的时候是想去零头、要赠品、要降价，只不过想要通过"离开"这种方式给你压力，让导购员被迫降价。

甚至有的导购员在顾客回来的时候还这么说："早就跟你说过，我们的产品是最好的，最实惠的吧。"那意思是说，我没骗你吧？我是对的吧？其实你越证明自己是对的，顾客就越觉得没有面子。要知道你证明自己对了，也就是在表明顾客是错的。

针对顾客说"我再看看"这类话，导购员要采取妙招予以回答——

第一招：问出真实原因

即问出顾客"再看看"的真实原因，叫回顾客，再尝试出单。比如可以直接问顾客："先生／小姐，我想知道您想再看的真实原因是什么？是价格还是服务？还是其他方面？"说话时直视对方的眼睛，在这种对视的压力下，有部分顾客就会说出真实原因："哦，小姑娘，其实我就是觉得价格有点高。"这时你要接上说："原来是价格问题，刚才可能是我没说清楚，来，我再跟您详细讲一下……"

第二招：在门口外边再追上去问

有时顾客不说出真实原因，那么怎么办？应对办法是在顾客出了店面以后，在门口外边再追上去问。因为顾客走出店门，心里也就放松警惕，顾客觉得已经没有压力了。这时我们可以追出去，对顾客说："先生／小姐，我想问一下，您能不能告诉我，您真正不购买的原因是什么？是价格还是服务？还是其他方面？"

这时顾客因为心理上放松了警惕，加上助人为乐的精神，会很大度地告诉你："其实也没什么，就是觉得价格有点贵。"然后你再跟顾客解释关于价格的问题。这个时候要注意了，只要顾客跟你回到店里，基本上就可以确认成交的几率很大了。为什么呢？因为顾客真喜欢这件产品，真的舍不得走，才会决定跟你回来。

这一招女孩子买衣服应该有体会，那就是很多卖衣服的街边店，你砍价不成功时，然后说："不卖，走了。"走出店门十米左右，老板娘在后面喊："回来吧，回来吧，卖给你，卖给你。"基本上回去就买了。

坚持才能让顾客感动，很多顾客再回到店里不买东西，他有时候都觉得不好意思。当然我们也不可能把所有要走的顾客都拉回来。据我的观察研究，能够再次进店的顾客占到"我再看看"顾客的30%。以前我在曾经服务的一家公司的店里，就在店门口专门安排一个人，目的就是拉顾客回来，这个人我们叫他为"捕手"。

第三招：设定标准，让顾客按照你设定的标准去比较别的产品，从而比较后再回来

顾客非要出去比较，没问题，可以大胆地让顾客去货比三家，但是不能让他乱比，我们要给他设定个标准，让顾客按照我们的标准比较。

那么怎么做呢？可以从四个方面找出我们的产品优势。这四个方面是：（1）我们有，别人没有的产品或服务（我们独有的优势）；（2）我们能做，别人不愿意做的事情；（3）我们做的比别人更好的东西／事情；（4）我们的特殊附加值（荣誉等等）。

下面以我们给梦××9999黄金设计的话术标准为例来说明。

导购员对顾客说道："大姐，买黄金不管什么品牌的，只要您认准三点都能买到好黄金：第一，货品、标签、品牌一定要统一；第二，正规品牌一定是经过国家检测的，国家检测比省级检测更权威；最重要的是第三……"（此时停顿一下很重要，顾客一般会问，第三是什么，此时所有的注意力都集中在第三点，说出我们独特的优势，顾客会牢牢记住我们独特的优势。）"为了保证您的权益，在开票的时候，让商家给您写上一句话，如果含金量达不到，双倍返还……有了这些保证，您就可以放心购买了。"

预先设定好比较的标杆，在顾客心目中留下不可磨灭的痕迹，只要去比较都会想到这些标准，从而用我们的优势去战胜别人的劣势。

用这个销售技巧的时候，一定要找出你的品牌比别人的品牌强的地方，也就是产品的优势所在，给顾客带来的特殊价值等等，这些方面，一般只要能够表明三点就足够了。

第四招：让顾客留下电话，我们再次邀约

当顾客说"我再看看吧"，导购员可以说："您去看看也好，这样吧，您留个电话，这款衣服（其他产品可代替，比如项链等等）我先帮您留着，等有人来买的时候，我先给您去个电话。"然后让顾客留下电话。

一个小时以后（可根据当地人逛街习惯），我们再给顾客打电话："您看得怎么样了，我感觉这款衣服（其他产品代替，比如项链等等）确实适合您，您看是不是今天把它带回家。"

很多顾客在逛街购物时，其实是缺乏主见的，尤其是女性顾客，逛了很长时间的街也没选到想要的衣服，我们这时就需要帮她做决定，很多顾客会回来把看好的衣服取走，因为产品同质化比较严重，你追得紧，顾客感觉你比较重视她，对你的印象更深刻，只要想买这款衣服，基本上第一个想到的就是你。所以留下顾客的联系方式，打电话再次询问，也是很有必要的。

在此再提醒一次：逼单就两次，如果两次以后顾客还是要出去比比，那就让顾客去货比三家。不要再过分强留，过分挽留反而会导致顾客产生逆反心理，从而看到你家的店都想绕着跑，这就得不偿失了。

正确的沟通方法：

"先生／小姐，我想问一下，您能不能告诉我，您不买的原因是什么？是价格还是服务？还是其他方面？"

28. 顾客问产品质量会不会有问题，怎么回答

有顾客会问："你们的产品质量会不会有问题？"这种问话也特别直接，我们怎么回答呢？

"拜托，我们是大品牌。"（错）

"我们质量有问题，你就别买衣服了。"（错）

"不是吧，我们品牌你还怀疑？"（错）

"你是第一个这么说的。"（错）

对于产品质量问题，很多导购员觉得很好回答，认为自己店里产品的质量不会有问题，我们是大品牌，全国有很多专卖店等等。

顾客还会有另外两个疑虑，一是"如果质量有问题怎么办"，二是"万一质量有问题怎么办"。这两句话的意思是不一样的，所以回答的方法也是有所不同的。

顾客说："如果质量有问题怎么办？"这是顾客在假设式提问。举个例子，女孩子问男孩子：如果我跟你妈掉河里，你先救谁？这就是假设式提问。老实的男孩子一般回答"我先救我妈"，有过经历的男孩子会回答"我先救我妈，然后跳河里跟你一块儿死"，其实回答先救谁都不对。

那么，怎么回答顾客"如果质量有问题怎么办"这个问题呢？我们的回答就是简单告诉顾客，我们的售后服务、品牌信誉等等就可以了，因为"如果"是假设式的问句。

怎么回答顾客"万一有问题怎么办"这个问题呢？很多导购员可能会回答："万一有问题，我们三包，我们六年包换，十年保修。"家电的导购员还会开始卖延保。大部分导购员都会这么说，也不能算错，至少能够

表明公司的售后服务还是做得不错的。

这样的回答其实顾客听得比较多，或许已经麻木了，再者而言，对于顾客来讲"三包"售后服务已经不算是一种优势了，甚至对于消费者来讲，好的产品是不需要售后维修的，这就让"三包"显得多余了。

我在给日本××家电进行全国导购员巡回培训的时候，遇到导购员问我延保这个问题："既然你们质量好，还要延保干嘛？"后来从电视上看到××手机摔坏屏幕，在保质期内要花一两百元，不在维修期内要花一千多元。之后，我就用这个案例来说服顾客延保的必要性，效果很好。

既然不能说售后，那么顾客问到"万一"的时候，我们可以换一种说法，效果会有很大的不同。比如："先生／小姐，你是不是以前买过质量不好的产品啊？"顾客一般会说："有。"紧接着顾客就会跟你诉苦："我以前买过一台空调，三个月就坏了，滴滴答答地漏水，晚上睡觉都睡不好，老是被吵醒，搞的我白天上班都没有精神，气死我了……"就这样，顾客就会很自然地吐露自己的心声。

作为导购员，我们可以站在顾客的角度去说："先生／小姐，我也害怕买到质量不好的东西，因为我不卖东西的时候也是消费者，所以质量方面放心，我们都是十几年的老店了……"这种表述，不仅能够让顾客感觉到我们感同身受，更能为我们讲述品牌的优势和售后保障做铺垫，避免出现我们在介绍产品的时候，顾客不耐烦。

如果我们问顾客是不是以前买过质量不是很好的产品，顾客如果说没有，那么我们就可以在简短赞美对方之后这样说："先生／小姐，您真是太幸运了，你没有，我有过这样的经历，我以前买过一台空调，三个月就坏了，滴滴答答地漏水，晚上睡觉都睡不好，老是被吵醒，搞的我白天上班都没有精神，气死我了……"紧接着再对产品进行介绍。

我相信，顾客也是很容易接受的。

当然，在表达的过程中，一定要带上情感，这样才会感染到顾客，增加我们言语的可信度。

每个人在购买产品的时候，都会担心产品出现质量问题，所以当顾客以怀疑的口吻询问产品的质量情况时,导购员应该学会给顾客传达出一种真实可信的感受,只有这样,顾客才会大胆地付款。

 正确的沟通方法:

"先生/小姐,你是不是以前买过质量不好的产品啊?"

29. 顾客让身边的朋友拿主意，如何应对

顾客跟朋友一起来店里买东西，顾客看完产品，于是转头问他的朋友："你觉得如何？"这种场景，我们见过多次。面对这种情况，我们如何处理？

"你有这样的朋友真好！"（错）

"我们一起来挑吧！"（错）

"你觉得怎么样啊？"（错）

"你觉得也不错吧。"（错）

对于顾客与同来的朋友讨论产品，或许很多人都觉得难以理解，为何顾客要问朋友对产品的看法。其实，导购员可以换位思考，如果自己是一位顾客，和朋友去逛商场，在什么情况下，我们会主动询问朋友的建议呢？没错，在我们寻找到想要的产品的时候，会咨询身边朋友的意见。

同理，因为顾客看上了手中的产品，所以他才会希望得到朋友的意见，甚至说是得到朋友的认同感。这时候，如果朋友说可以，那么至少朋友认可了，顾客二话不说，便会立即买下；如果朋友说不好，顾客肯定不会买，掉头就走。如果两个同来的人是男女朋友，男的看中一款产品，问女朋友产品如何，这时候的情况就更是这样了。因此，作为导购员，要分清楚主动权在谁手里。

在一个周末的上午，一男一女走进我的店里，来挑一枚钻戒。女的看中一款，但男的不喜欢，而男的挑选了另一款，女士不喜欢。按正常的情形，一般都是女士说了算。但这次不一样，女士说就要她挑的那一款，男士不高兴了，就说咱们再看看吧。

听到男士的话后，我意识到主动权在男士手里，于是对女士说：小姐，

你男朋友挑的那一款很好,这种流线型的是最新流行的新款,刚到的货,你男朋友很有眼光,要不怎么会找到你这么漂亮的女朋友。女孩子听完情不自禁地笑了。

可想而知,生意成交。

遇到这种问题,很多的导购员会说:我直接向顾客的朋友推销产品,把注意力放在顾客的朋友身上。有的导购员会说:我夸顾客的女朋友漂亮,有气质,把她夸的心花怒放,她自然会对产品产生认同。这样做也可以,只是我们要用更简单的说法。一句话就可以说服他朋友——美女,您有眼光,您看一下。有这一句话就可以了。顾客的朋友为了证明自己有眼光,也会点头的,可能不会赞美产品,但至少不会说出坏话来,这就达到我们的目的了。

有的导购员会说,如果顾客的女朋友比较"极品",直接说自己没眼光,那么我们怎么办呢?我们要顺水推舟地再夸一句,您没眼光怎么会找到这么好的男朋友呢?这句话一旦出口,我相信男顾客一定会笑,或者开始谦虚:哪里,哪里,没有啦,没有啦。这样一来,你会发现现场的气氛变得很轻松热闹,然后我们顺口说一句:您看您待会儿是刷卡方便一点还是付现金方便一点?80%的顾客基本上就买单了。

由此可见,不要害怕带朋友逛商场的顾客,有时候顾客犹豫,想要听取朋友的建议,不一定是成交不成功的前兆,只要我们应对得当,成交量势必会上升。

 正确的沟通方法:
"美女,您有眼光,您看一下。"

30. 顾客问你"这两个都不错,你看我买哪一个"如何回答

顾客问你"这两个都不错,你看我买哪一个",这是一个结束信号,也就是成交的信号,因此你的回答几乎可以决定是否成交。有的导购员这样说:

"就这个吧。"(错)

"你自己觉得呢?"(错)

"都差不多。"(错)

"我可不敢替您决定。"(错)

很多导购员听到顾客这么说,心中窃喜,马上出手一指其中一个:"这个好,你买这个吧!"随即打算开票。结果顾客买回家再回来调换,退货的风险就很大了,因为是你给顾客选的,不是顾客自己选的。顾客会说:当时我就犹豫不定,你帮我选的这一款不是我喜欢的,所以你要帮我换或者退。然后双方就出现了争执,矛盾就会产生。所以遇到这种情况,导购员不要心急,为了避免后顾之忧,一般先不忙着帮顾客下结论。

可能朋友们经常会遇到一种情况:老婆早上起来,问你今天她穿白色的好呢还是穿黑色的好呢?你敢帮老婆选吗?一般都是这么回答:老婆你穿什么都好看!如果说老婆你穿黑的吧,今天适合穿黑的,那么一旦穿出去不好看,回家你就倒霉吧!

所以遇到这种情况,我们应该这么说:你穿黑的显得成熟稳重,你穿

白的显得靓丽活泼,您觉得呢?让她拿主意。如果她说人家就是拿不定主意才问你的啊?男的顺水推舟:"老婆我们真是天生一对,我也很难选择,你穿黑的显得成熟稳重,你穿白的显得靓丽活泼,您觉得呢?"想叫我掉坑里门都没有!

中国人说话都是含糊不清的,不管什么事都很模糊,比如:

"什么时候来啊?""过两天。"

"怎么样啦?""还行啦。"

"干嘛去啊?""去那边。"

"会喝酒吗?""会一点儿。"

很多人说这样说话不好,其实,说清楚、讲明白,很多时候并不适用。我个人认为说不清楚、说不明白有时是非常好的,说清楚讲明白那是在外国做的,不适合中国国情,中国人有话就不能直说,说得太清楚太明白,就缺少意境了。

对于很多外国人,我们中国人一看到他们就知道几斤几两了,中国人恰恰相反,都是深藏不露的,刚开始看一个人其貌不扬,跟他聊聊天才发现有点水平,再接着聊又发现水平很高,再接着聊终于发现深不可测。同样的,遇到顾客让我们帮着做出最终选择时,我们要如何回答呢?我们可以用分不同场景的方式来进行回复。比如:"这一款适合外出拜访的时候穿,这一款适合下班后休闲穿,您觉得呢?"

如果顾客再三要求我们帮他决定,那么就没有必要犹豫了,直接帮顾客挑选即可。二者选其一的话,自然是选择价格高的那个,说:我建议您要这个,虽然贵了一点,但确实比那一款上了一个档次,您觉得呢?在帮顾客做出选择的过程中,最关键的是一定要问顾客的选择,让顾客点头确认,这样才能表示顾客同意了我们的选择,表明顾客内心是认同的。

很多导购员可能会疑惑,为何不能帮顾客选价格低的,我也曾自以为聪明地犯过这样的错误,帮顾客推荐便宜的那一款,对顾客这么说:您看,

这两款,我替您着想,宁可让您要便宜的也不卖给您贵的。顾客听完这句话,笑了笑,转身离开了店铺。所以,两款之中选贵的,顾客能够理解,因为你本身就是卖东西赚钱的,而你选便宜的推荐给顾客,他们反而心里不踏实。

正确的沟通方法:

不同的衣服适合不同的场合。比如说:"这一款适合外出拜访的时候穿,这一款适合下班后休闲穿,您觉得呢?"

31. 顾客不要赠品只想便宜点，怎么办

有的顾客说："我不要赠品了，你直接给我便宜点吧！"对此我们如何应对呢？

"大姐，您主要是买产品，产品才是主要的，赠品是次要的。"（错）。

"产品是产品，赠品是赠品，不能折算成钱的。"（错）。

"真的很抱歉，我没有这个权利。"（错）。

"公司规定不能这么做。"（错）。

"你也不差那点钱。"（错）。

赠品，所有顾客都希望拥有，可偏偏有不要的，这是为何？

每逢节假日搞活动季，店主都会想到将赠品当作一种优惠，赠送给进店购物的消费者。其实，赠品很有必要首先给每个导购员发一个，就当作一种员工福利。可能很多老板会心痛，觉得没有必要。其实不然，赠品通常也不会是高价物品，大多是一些日用品或者毛绒玩具，比如茶杯、雨伞、毛毛熊、毛巾等，大部分不会超过百元。

首先，给导购员发赠品，员工开心是一方面，另一方面来讲，很多赠品上有公司LOGO，也潜移默化地加深了顾客对公司的印象与好感。不要怕导购员要赠品，最怕的是公司赠品买回来，导购员都不想要，这才是公司最大的麻烦。

我以前做店长的时候，节假日一般都会给员工发赠品，不仅给导购员发，有的导购员想多要一两个给自己父母亲，我也很乐意给他们。可能店长会质疑，这样做不会增加店里的成本吗？其实我们可以换一种思维，导购员父母用着我们公司的赠品，也会加深对我们公司的印象，甚至通过一

件赠品，会提升员工家庭对企业的认知度，从而对降低员工离职率起到一定的效果。

其次，赠品不要太平常，太常见的赠品对顾客一点吸引力都没有，要知道很多女孩子是因为赠品好看好玩才买产品的，即使要将杯子当赠品送给顾客，也要选择造型美观，图案可爱的杯子，给人眼前一亮的感觉。比如圣诞节很多商家买产品送苹果，但是现在很多企业搞活动不买产品也送苹果，这种赠品就对顾客没有太大吸引力了。

我曾经服务过的一家公司从国外代购了一批欧式的圣诞灯，从价格来看并不贵，但顾客看着很新鲜，尤其告诉顾客是国外正宗的圣诞灯，国内见不到的，很多顾客为了得到圣诞灯而购买产品的不在少数，活动效果自然相当好。

所以，店铺在选择赠品时，尽量不要在当地的市场购买，最好买一些新鲜的、时尚的，当地很难见到的，完全可以利用网络的力量，选择一些价格低且时尚感强的赠品。这样不仅对顾客具有吸引力，而且提升了品牌形象，加深了顾客印象，赠品的丰富将是一种有力的促销手段。

最后，运用赠品促销，是为了实现增值。很多门店最常用的方式就是把赠品堆在门口来吸引顾客注意。以前在家电商场卖家电的时候，一到夏天空调销售进入旺季，店铺选择的赠品通常是可乐、雪碧，一瓶一瓶地贴着墙向上垒，几乎用可乐、雪碧墙把商场外围一楼包围起来了，顾客远远地就能看到整墙的雪碧。

有的是在广场门口直接用一瓶瓶可乐、雪碧排列成大大的欢迎观临，再配上彩灯，很艺术、很醒目、很吸引人。不可否认，以量取胜是一种方法，只是饮料的价格顾客心知肚明。

那么，我们用什么方法来增加赠品的价值呢？

第一，选择稀少见到的物品做赠品。

第二，赠品外标明价格。很多门店会将赠品摆放的很好看，甚至很艺术，只是没有在上面标价格，只在上面贴了一个爆炸贴，上面写了两个字"赠品"，虽然包装能模糊感觉出赠品价值，但赠品的价值并没有明显表示出来。

我们要做的就是在上面标注价格,给人一目了然的感觉,而且我们标注的价格可以略高于市场价。如果你的赠品不常见,那么标价可以再提升一个档次,无形中就放大了赠品的价值,给顾客更多占便宜的感觉。

第三,赠品摆放在热销产品前,也能提升赠品的价值。

"大姐,您主要是买产品,产品才是主要的,赠品是次要的。"很多导购员是这么说的。你都觉得赠品不重要,顾客怎么会要赠品呢?还不如直接折现呢。对于赠品价值的提升,无非是希望用赠品的方式吸引顾客买单,可是,对于一些"理智"的顾客来讲,他们进店的目的是为了买产品,所以赠品对他们来讲是"无用"的,故此,他们会说:我不要你赠品,能否给我便宜点?

那么作为导购员,究竟要怎么回答这个问题呢?我们的方法是,将赠品变成正品,让顾客喜欢上赠品,感觉赠品物超所值。不妨这么说:"大姐,这些赠品是我们公司在产品之上,额外赠送给您的,这些赠品是我们公司精心挑选的……"从而让顾客认识到赠品的价值,感觉赠品物超所值。现实生活中,我们会发现很多导购员介绍产品介绍的面面俱到,但是谈到赠品,往往用两三句话就概括了。

我们完全可以用不低于三分钟的时间来介绍赠品,这一点很容易做到,因为我们擅长的就是讲产品,赠品也是产品的一部分。

当然,顾客如果真的希望不要赠品只要求降低价格,作为导购员,要根据实际情况跟顾客解释清楚即可。另外说一点,与其让这个问题刁难导购员,不如直接设计活动的时候多设计几种选择,比如送赠品或者不要赠品直接抵扣多少钱,再或者不要赠品给多少积分,等等。这样一来,优惠活动变得丰富,顾客选择也多了,导购员也轻松了,销售也不复杂了。

正确的沟通方法:

"大姐,这些赠品是我们公司在产品之外赠送给您的,这些赠品是我们公司精心挑选的……"

32. 顾客要求把零头抹了，怎么办

顾客说："把零头抹了吧，也就20元钱！"顾客要求抹零，我们怎么办？

"我要自己贴钱的！"（不能算错，最后一招。）

"机器过不去！"（不能算错，最后一招。）

"真的没办法啊！"（错）

"那您再看看吧！"（错）

顾客提出的这个问题其原因比较复杂，因为很多顾客都是在这个地方与导购员争执不下，最后离开的。经过多年的经验总结，解决方法一般有两个。一是请示店长把零头抹掉，然后生意成交。请示上级是一个很好用的方法，至少我们不越权，让店长明白你对他是充满尊重的。二是苦肉计，比如："要是把零头抹了，我得自己往里贴钱。""零头抹了，机器也过不去的。""大姐，零头抹了，店长会骂的。"……

当顾客提出抹零的时候，难道顾客真的就缺少这20元钱吗？当然不是。那为什么非要求便宜点呢？在我看来，顾客要求抹零，一方面是为了"面子"，如果这点零头都不给顾客抹掉，顾客会觉得自己一点面子都没有。也可能是顾客本身不想买，结果导购员推销的挺热情的，顾客觉得直接拒绝导购员不太好意思，于是在价格方面纠缠，最后他得以离开。

导购员要解决这个问题其实很简单，就是不要针锋相对，我们的方式是：转移。把顾客的抹零头的要求给转移到其他问题方面，换个方向，柳暗花明又一村。

怎么转移呢？有效方法就是问。问什么问题呢？问只能让顾客回答

"是"的问题。导购员要掌握好提问的技巧,学会"连续三问",比如:"您看这质量,如果质量不好,再便宜您也不会要的,您说是吗?""您也知道售后服务很重要,如果售后不好,再便宜您也不会要的,您说是吗?""如果这件衣服穿出去不好看,再便宜您也不会要的,您说是吗?""您看我们品牌,如果品牌不好,您肯定不会要的,您说是吗?"

这四句话很常用,所以导购员不妨熟记于心,当然,我们还可以问出很多类似这样的问题,而顾客只能回答"是"。

下面不妨参考一个案例:

顾客:"这件衣服,你再给我便宜20元钱,把零头抹掉,我现在就要了。"

导购员:"如果这件衣服穿出去不好看,再便宜您也不会要的,您说是吗?"

顾客:"是。"但顾客马上会跟上说一句:"那你一点都不便宜,我心理感觉很难受啊。"

这时我们会发现,我们和顾客所针对的问题发生了转移,从开始顾客一定要让你抹零,变成了感觉很难受,这也就是心理和面子的问题了。那么我们接下来就解决心理和面子问题,就不是在价格问题纠缠了。我们成功将问题转移到了非价格问题,处理起来就容易多了。

我们再问第二句:"姐,您看这质量,如果质量不好,再便宜您也不会要的,您说是吗?"

顾客会说:"是啊,那你给便宜点吧!"

我们再问第三句:"姐,您也知道售后服务很重要,如果售后不好,再便宜您也不会要的,您说是吗?"

顾客会说:"是啊,那你们也不便宜点。"

好了,到此结束。从这个交谈过程中,我们会发现顾客在步步后退,从非要抹零头到心里很难受找平衡,最后到有点无奈,开始抱怨我们不便宜,顾客已经半推半就接受我们的条件了。问完三句话,再说一句结束语:

"姐,您看您待会儿是刷卡方便一点还是付现金方便一点?"就可以开票了。

连续三问,加上结束语,就是成交。如果不成交,再第四问,加上结束语,就会成交。

 正确的沟通方法:

连续问三个只能让顾客回答"是"的问题。

33. 顾客说不抹零头就不买，怎么办

上一节提到如何应对顾客要抹零头的方法，但如果顾客还是坚持，甚至最后说"不抹零头我就不买"，或者说"你不把这个零头抹了我就走"。那么怎么办呢？有的导购员这样说：

"那没办法了。"（错）

"那不行你再看看吧。"（错）

"都看了这么长时间了。"（错）

对于我们导购员来说，最简单的方法就是请示店长，因为每个店长都有一定的权力，如果超出权力范围，那就只能请示区域经理，如果超出区域经理权限，就只能让顾客离开了。

当然自己添钱的"苦肉计"也可以，这种方法有时也容易成功，尤其是一个美女导购员接待一个男性顾客的时候，效果不错。不过，"苦肉计"是最后一招，不建议一开始就用。

还有没有其他方法呢？有，其实很多公司都在用，只是没有进行总结而已。

第一招：给会员价（或者直接帮顾客办理会员卡）

我们遇到很强势的顾客，或者我们自己就有降价的空间，那用这招就行了。在顾客的心里，一个门店一般都会有会员卡，而拿着会员卡的老顾客，一般导购员都会给出会员价，很多有会员卡的还能再优惠0.2折。别小看这0.2折，是能让顾客购买的"最后一根稻草"！有时候我们直接给顾客便宜，顾客不一定会感激我们，我们要学会让顾客感觉占便宜就可以了。

至于话术方面，我们完全可以这样表述："这样吧，我用我们这里的一个老会员的会员卡给您优惠××元吧，让您享受会员价，不过这个事，您别声张，让店长知道我就麻烦大了。"这样表述很多顾客就会感觉到自己占了便宜，内心会感觉到平衡。

在这里导购员要注意两方面的问题。第一，不要承诺给顾客打几折，因为假设千元的东西，给顾客说打九折，顾客会感觉打折打的太少，毕竟现在商家促销打三折四折也是常有的事情。所以说有的时候给顾客优惠或者减少 100 元，要比告诉顾客打打九折更能让顾客心动。第二，说话的时候声音要比正常说话声音要小一点，给顾客一种神秘感，就像闺蜜之间偷偷讨论男朋友一样，在说只有你们两个人知道的小秘密，把这种氛围制造好。

第二招：内部亲友价

在人的印象里，熟人买东西总比陌生人买东西要便宜点，尤其是有血缘关系的亲属。我们使用亲情方法，会让顾客感觉到自己占便宜了。比如我们这么说："这样吧，我就说您是我表姐，我去给店长请示一下，就说我表姐来了，看能不能给您优惠，待会儿店长出来跟您确认的时候，您千万别露馅儿啊，不然我会被店长骂死的，您看可以吗？"这时候一般顾客都会说："好的，放心吧不会露馅的，你去请示吧。"顾客感觉自己占了便宜。

其实我们早就跟店长沟通好了，到时候店长只要出来向顾客点个头，或者打个招呼聊两句："您就是×××的表姐啊，很高兴见到您……"然后当着顾客的面在票上签字就可以完成销售了。顾客立刻就会高高兴兴地掏钱买单。

第三招：苦肉计

苦肉计这招我不建议大家经常用，偶尔用一次还是可以的，因为这招对个人成长不利，用多了会给自己造成负面心态，如果工作心态不好，自然整个人的工作状态就不够好了。反过来讲，如果极少用这种方式，演技自然会差一些，精明的顾客一眼就看出来你是在用苦肉计，顾客一样会离开的。所以,对这种促销手段只要简单了解即可。

当顾客坚持要求抹零时,导购员可以对顾客说:"您稍等,我去跟店长请示一下。不过,确实不能便宜。"然后走进店长室待上几分钟,随后一脸的委屈相,从店长室出来,一摔门,很委屈地对着店长室说:"你怎么能这样?又不是我要便宜,是人家顾客非要便宜,你怎么这样对我,我不就请示一下吗,怎么能这样啊?"然后走到顾客面前低声说:"店长说不行,便宜不了。"

顾客看到你的表情,他的心里多少会感觉有些许愧疚,因为是他让你受到了委屈。此时,心软的顾客可能会为了"补偿"你,安慰你,选择直接买单。

在这里还是需要强调一下,这招尽量少用,不然你总会觉得自己是一名受害者,不仅影响自己的销售状态,甚至还会对你的人生观产生消极影响。

面对顾客的"抹零"要求,导购员可以视时机做战略调整,要知道我们的目的是达成销售,提升销售额。

正确的沟通方法:
能抹零头就抹,让顾客感觉不容易;不能抹,就用苦肉计。

34. 顾客问到服务空白时，怎么回答

当顾客问到我们没有的服务的时候，有的导购员这样回答说：

"没这个服务！"（错）

"公司规定不行！"（错）

"爱买不买，事儿多！"（错）

"你咋不上天啊！"（错）

实务中，常常有顾客要求我们提供没有的服务，诸如"你们能不能把这件衣服帮我送回家啊""我买这台电视，你们能不能把下面的电视架也送给我啊""我在这里消费，还有卡上积分，你们能不能每次都给我发个短信啊""这个首饰能不能分期付款啊"等等。

这些都是公司目前不提供的，甚至顾客的某些要求公司以后也不会提供，但顾客之所以提出来了，可能是想打折，可能是想多要赠品。不管出于什么样的原因，反正顾客不关心那么多，他们只负责提出要求。只要顾客提出来，作为导购员就应该想办法回答。那么，面对顾客这一系列的要求，导购员究竟要如何回答呢？

"真的很抱歉，我们这里没有这个服务！""对不起，我们真的没有这个服务。"这些都是委婉的拒绝，但还是拒绝，虽然听到"对不起""真的很抱歉"等话语，但顾客仍然可能不是很高兴，虽然他知道自己提的有点过分，只是仍然有些失落。

那么，究竟应该怎么回答呢？

首先，导购员可以变道歉的委婉拒绝为感谢。把顾客的过分要求或者还没有要求当成对公司发展的建议。比如这样说："感谢您为我们公司的发展提供了一个良好的发展建议，只是目前没有，我一定上报我们老总，让我们老总对您表示感谢。"

一般情况下，当顾客听到导购员这样的话术，多半会微笑着说："不用，不用，不用告诉你们老总。"因为顾客很少会想到自己的一句话能够为一个公司的发展提供良好的发展建议，给顾客戴高帽子，他马上就会变得很客气。这样一来，问题就和谐地解决了。

"感谢您为我们公司的发展提供了一个良好的发展建议，只是目前没有，我一定上报我们老总，让我们老总对您表示感谢。"这句话是个"万金油"式的回答，只要遇到我们没有的服务，都可以用这句话来应对，从而让顾客感觉到你对他的要求很在意，很重视。

当然，只是重视还是不够的，给顾客一颗鲜血淋淋的心，顾客也可能被直接吓到，所以我们需要完美的包装，或者说学会随机应变，让顾客知道并感觉到你是真心诚意为他着想。

正确的沟通方法：

把顾客的要求当建议，说："感谢您为我们公司的发展提供了一个良好的建议，我一定上报我们老总，让我们老总对您表示感谢。"

35. 如何询问顾客的预算

预算这件事一旦说出来，就一定会触及顾客的敏感神经。那么，我们如何问顾客的预算呢？

"您想看个什么价位的？"（错）

"您的预算多少？"（错）

"您打算花多少钱？"（错）

"您打算投资多少钱？"（错，因为你毕竟不是保险公司的）

很多导购员会问顾客预算这个问题，想问出顾客购买产品的预算或者说是心理能够承受的价位区间，这样做是为了更有针对性地为顾客介绍产品，但是顾客一般情况下是不会轻易告诉你的。

如果你问"先生，请问一下您的预算是多少"，顾客的回答都是"我先看看再说"。尤其是面对男顾客，身旁跟着一位女士的时候，你问他预算，报高了买不起，报低了女朋友看不起，说多少才是刚刚好呢？很是尴尬，所以他才会应付你一句先看看再说。但是不得不承认，知道顾客的预算对我们导购员销售真的帮助很大，所以什么时候问，怎么问才是问题的关键。

一般而言，导购员不要顾客一进店，就问顾客想买什么价位的，这样给顾客感觉太直接了或者有心理压力。那么，我们什么时候问呢？在顾客盯住某个产品后我们可以直接问，或者讲产品的时候可问，甚至讲完产品可以问一下。

当然，在最初问顾客预算时，不要问具体的数字，而是要给顾客一个预算的空间。比如：顾客看的是3000元的产品，我们问："您的预算是3000元以上还是3000元以下？"如果顾客回答是3000元以上，一般我们

要高出顾客预算的 1/4 或者 1/3 左右的价位，如果顾客回答是 3000 以下，我们是 1/4 或者 1/3 左右的金额往下减。

那么，我们怎么问比较合适呢？众所周知，女人的年龄、消费的预算，都是让人很尴尬的问题。我们要缓和，先要做铺垫。如果我们要问一个女孩子的年龄，就不能直接问"你多大了"，很多女孩子对你讪然一笑，然后说"你猜"。有个性的女孩子会瞪你一眼，然后不客气地说道："跟你有关系吗？"

那么怎么问呢？可以这样说："美女，你好漂亮啊，我有很多做管理的朋友，平常工作都非常忙，现在几乎都是有房有车有存款，有才有貌有发展，下班之后就回家，生活简单快乐不复杂，我觉得你确实是很好的女孩子，感觉你们年龄也相当，所以我想说，改天如果有机会，介绍你们认识一下，你们应该可以有一些发展的可能，我想问一下，你多大了？"

这样一说，很多女孩子就告诉你了。我们把前面的铺垫做够了，她就会说，如果铺垫不够她肯定不会说。

询问预算也是一样的，导购员完全可以问："是这样的，因为我经常帮顾客做参谋，为了帮您介绍最适合您的产品，我想问一下您，您的预算（看顾客盯的价位，如果是 3000 元左右的）大概是 3000 元以上还是 3000 元以下呢？"

这时候顾客通常都会告诉你一个模糊的数字："3000 元左右。"据此，我们往 3000 元以上介绍就可以了。

没有铺垫直接开口，不仅不礼貌，而且不尊重，甚至还有点强逼顾客的感觉。

正确的沟通方法：

铺垫 + 模糊询问。

36. 顾客问衣服会不会缩水、褪色,该如何回答

顾客问:"你们的衣服会不会缩水、褪色?"对于这样的问题我们如何回答?

"不会。"(错)

"您正常穿着就不会。"(错)

"可能有一点吧。"(错)

"正常洗就不会缩水。"(错)

"您只要穿的时候注意点,就不会褪色。"(错)

顾客这么一问,很多导购员都会说:"正常洗是不会的。"意思好像就是说顾客都不会正常洗,因为正常的清洗方法,衣服是不会褪色和脱水的。

我们做市调的时候也常常遇到这种导购员,比如他说:"大哥,这衣服您只要穿的时候注意点就不会褪色。"那就意味着:褪色是顾客不注意造成的,跟我们店没有关系;另一层意思是,你穿的时候不要太过随意,要时刻注意。

很多导购员让顾客注意点,那就是告诉顾客小心点,这样无形中会给顾客造成心理压力,有了牵挂,时刻保持注意力。这给顾客增加了很大的心理负担,也增加了一些麻烦,人都怕麻烦,与其买件产品让自己增加麻烦,不如再看看其他产品,顾客就会离你而去。

衣服会不会缩水?很多导购员回答:"我们的衣服都是经过缩水工序

的，缩水率一般都是在1‰的缩水范围，您可以放心穿着。"

这种说法可以，不过不是顾客第一次问这个问题的时候回答，而是在顾客再次追问的时候回答。顾客第一次问这个问题，其实更多的只是随便问问，并没有将其放在心上，而我们的回答只要做到简单明了即可，"打擦边球"一带而过就行。顾客只是在穿衣服，并不是在研究衣服，也不是在掌握专业服装知识，专业研究衣服的顾客毕竟是少数。

聪明的导购员完全可以这样回答顾客："质量方面您放心，我们的产品都是经过国家检测的，肯定都是质量合格产品，您就是喜欢这件吗？"然后直接转到产品上就行了。如果顾客追问那到底褪色不褪色？缩水不缩水？再按照上面的话术回答顾客："我们衣服都是经过缩水工序的，缩水率一般都是在1‰的缩水范围，您可以放心穿着。"最后加上一句成交语，"您看您待会儿是刷卡方便一点还是付现金方便一点？"就可以结束了。

正确的沟通方法：

"质量方面您放心，我们的产品都是经过国家检测的，肯定都是质量合格产品，您就是喜欢这件吗？"

37. 顾客说"我还是买××品牌吧！"怎么办

顾客说："我还是买××品牌吧！"对于这样的问题我们如何回答？

"怎么可能呢？"（错）

"他们都是仿造我们的！"（错，因为顾客不管他们是否仿造，只要自己穿上好看、舒服、便宜就行了。）

"我们是奔驰车他们家是QQ车！"（错）

"不要这样比，这样比别人会笑的。"（这是我以前经常说的，效果还算不错，至少顾客不再进行对比，只是买东西的也不多，所以这也不是一个很好的答案。）

那么，导购员究竟要怎么做呢？

首先，我们没有必要在言语上诋毁其他品牌，千万不要在顾客面前直接否定其他品牌，这样显得我们没有职业素养，当然我们也不要直接反驳顾客，这样显得我们销售过程不够婉转。导购员可以先顺着顾客说，然后再转折。比如可以这样说："大姐，您说的那个品牌也不错，那个质量也不错，我曾经也在那个品牌干过几年，他们家确实在中老年市场卖得不错，而我们在这五方面做的更专业……"

以上表述，不难发现四方面的问题需要注意：

第一，不要直提品牌的名字。有的导购员说××品牌也不错，××质量也不错……千万不要提某个品牌的名字，要知道你直接提对方的名字就是在为对方做宣传、打广告。如果非要提及对方品牌，那么我们用"那个"

代替:"大姐,您说的那个品牌也不错,那个质量也不错……"

第二,我们一定要说一句很重要的话:"我曾经在他们家干过几年。"我们这样说是为了增加顾客对我们以后说的话有信任感,顾客肯定会想,那你怎么不在他们公司干了?怎么来这家公司了?也表示我们对那个牌子比较熟悉,这样顾客再想用那个牌子跟我们的品牌做比较,他就要想想再说了,避免顾客忽悠我们。

第三,明升暗降。"他们家确实在中老年市场卖得不错"这句话,表面上是夸他们家,其实就是在跟我们做区分,并且暗示他们家是老人家才去买的,年轻人都买我们的东西。这样的话术有很多。比如"他们家确实在四线城市卖得不错",其意思是在大城市卖得不好;再如"他们家确实在农村市场卖得不错",其意思是在城市卖得不好。类似暗示的话很多。

第四,说具体数字。比如"我们在这五个方面更专业"。数字越具体精确,可信度越高。为什么说五个方便而不说更多的方面呢?因为产品的优点,不是顾客要死记硬背的考试题,顾客能留下印象的最多就是五个方面,第一个方面和最后一个方面顾客通常记得最清楚,所以先说最重要的方面,后说次重要的方面。

那能不能数字说多点?比如不是五个方面而是18个方面呢?可以的,不过18个方面你讲不完,因为时间太长,顾客也没有耐心。一般来讲,顾客能够耐心地听你讲五个方面的优点已经很不错了。

以上几方面是对待顾客进行品牌产品比较的方法,只要顾客拿其他品牌和你的品牌进行对比,这些话术都是可用的。

正确的沟通方法:

"大姐,您说的那个品牌也不错,质量也不错,我曾经在它们家干过几年,他们家确实在中老年市场卖得不错,我们在这五个方面更专业。"

38. 顾客要求多给赠品，不然不买，怎么应对

顾客说："你再多给我一个赠品吧，不然不买！"对于这样的问题我们如何回答？

"不能多给，都是有数的。"（错）

"都是一对一的。"（错）

"没有多余的啊。"（错）

"怎么还要啊？"（错）

面对顾客非得多要一个赠品的情况，导购员究竟要怎么办？正常情况下，很多导购员都会满足顾客要求的，或者是请示店长之后也会给顾客，这是可以的，有时候多给一个也不算什么。不过有的顾客会贪得无厌，给完还要。

我曾经在卖学习机的时候就遇到过这种顾客，买一台学习机送一个书包，顾客说"两个孩子就送两个吧"，我也答应送给他了，结果顾客还要求送第三个书包，最终，交易也没有实现。我在卖空调的时候也曾遇到过这种顾客，三番两次来要赠品，给了好几次赠品。

那么遇到这种多要赠品的顾客，导购员究竟要怎样处理呢？我们的处理方式不是不给，而是延时给，到最后你发现只要一拖延，顾客很少再来要了，最终赠品省下来不说，也没有违背顾客的要求。

在话术方面，导购员可以这样回答顾客的要求："您可以留个电话，等活动结束了，有多余的赠品我就给您送过去，您的电话是？"这样拖延

一下,顾客以后再来拿赠品的可能性就小多了。

上次在昆明讲课,有个学员问:我们遇到个女顾客,也用了拖延赠送,她天天来要赠品,怎么办啊?我的回答是:给她。毕竟这种天天来要赠品的是极少数,那么我们就给她一个,也算是对顾客承诺的兑现。

再者就是,当顾客来多要赠品时,有的导购员会选择用"苦肉计"的方法来应对:"不是我不想多给您,我们的赠品都是有数的,多给您一个,我们老板会从我的工资里扣除。"这种方式不是不能用,而是应该选择少用,或者是最后一招再用。

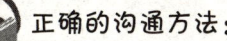 正确的沟通方法:

"您可以留个电话,等活动结束了,有多余的赠品我就给您送过去,您的电话是?"

39. 顾客说"上次在你们这儿买的就不太好",如何回答

有的顾客说:"我上次在你们这儿买的(衣服、钻戒、家电、家居)就不太好。"对于这样的问题我们如何回答?

"不可能!"(错)

"你怎么洗的?"(错)

"你怎么戴的?"(错)

"东西呢?我看看!"(错,顾客是来退换的吗?)

很多导购员一听这句话,马上警惕起来,进入反攻准备。类似这样抱怨的话,怎么能够解决问题呢?

我曾经在某知名品牌内衣店买了双袜子,回去把两只袜子连接的线剪开,结果发现袜子里的一根线和我剪开的那根线有连接,一剪把袜子的那根线拉扯出来了。问题倒是也不算大,并不影响穿着,但心里还是感觉不太舒服。

过几天想去它们那里再买套秋衣,进店里看了几套,感觉一般,然后随口对导购员说了袜子的事情,结果两个女导购员就直接说:"我们店里的袜子从来没有这样的,肯定是你自己没剪好,然后就开始推脱责任。"听完两位导购员的话,我感觉很没面子,自然,我是不可能再去那家店消费了。

很多时候,顾客抱怨产品不好时,往往是有事实根据的,而此时,导

购员不应该直接说是因为顾客的原因,或者直接说错在顾客,否则都会伤顾客自尊。顾客抱怨产品质量不好,或许这就是随口一说,而导购员的强硬态度,反而会让顾客反感,从而直奔他家。

老师问小琳:"你爸爸几岁了?"小琳:"爸爸7岁了。"老师:"难道你爸爸和你一样大吗?"小琳:"是啊!我爸爸是在我生下来那一天开始当爸爸的啊。"我终于理解抗日神剧中"我爷爷9岁就被日本鬼子残忍地杀害了"这句话的意思了。

我们大家想一下,顾客来店里抱怨,真的是来投诉的吗?答案当然是否定的,如果是真的来投诉,那么顾客会把产品一起拿来,直接告诉你产品存在的问题,然后要求退换。顾客没有拿着产品进来,而是进店来看了一会儿说以前买的产品如何如何了,那么他的目的就不是投诉,是真的想来买东西,顺便把上次的不满抱怨一下。其实,这种抱怨不一定要求有什么结果或者是赔偿,当然更多的是希望你能便宜点,这才是顾客真正目的所在。

如果当顾客抱怨的时候,导购员直接反驳顾客,让顾客感觉有失颜面,让顾客觉得自己错了,那么顾客最终的结果就是离开。即便有时候真的是顾客错了,那么我们让顾客认识到自己错,但也要帮顾客找个台阶下,比如用"可能彼此之间有些误会"这样的话语来帮顾客打圆场,这样做就是为了能够保留一下顾客的颜面。当然,即使自己有错,一般也不要直接承认,因为如果一旦承认自己有错,那么可能顾客就抓住公司的错,有过多的要求。

那么,遇到这种情况怎么办呢?理论上来讲,不管谁对谁错,我们一语带过,做出以后的承诺,然后转到产品上。话术方面我们可以这么说:"大姐,抱歉让您不开心了,我叫张三,是这家店里的优秀导购员,您这次买的产品有啥问题都可以来找我,我一定负责到底,请问您这次来是想看上装还是下装呢?"

有人可能会说：郗杰老师，我不是优秀员工，您让我说优秀员工，是不是骗顾客？我想说的是，我们这么说只是增加一下顾客的信心，毕竟我们的产品是货真价实的。一般这样的顾客要求便宜的时候，最后多送她一个赠品，马上就可以成交了。

 正确的沟通方法：

不管对错+一语带过+做出承诺+转到产品上。

40. 顾客询问有没有活动，怎么回答

顾客问："你们店里有没有活动啊？"对于这样的问题我们如何回答？

"不好意思，没有活动。"（错）

"姐，你先看看我们的衣服适不适合您？"（错）

"搞活动的都是小品牌，大品牌一般不搞活动。"（错，这话让顾客很没面子）

"卖得好的都不参加活动。"（错）

"我们一直都不搞活动。"（错）

顾客一进门就问有没有活动，一则可能是随口问一下，二则是顾客必定很在乎活动，这样的通常女性顾客居多，而且知道你们家不是国际奢侈品品牌。如果有活动，那当然好，直接介绍活动就可以了，但是有的店没有活动怎么办呢？

最好不要直接说没有，要把顾客吸引到店里来，毕竟现在很多门店客流量不大，很多商场导购员比顾客还要多，有的门店会安排导购员出去截留顾客，如果你说没有，顾客可能看都不看就走了，也是一种损失，顾客进到店里，就算不买也是增加了店面的人气。

我们要做的就是把顾客拉进来。我们的方法是，有活动说活动，没活动说免费。比如免费熨烫、免费保养、免费清洗、免费送货等等。

常用的话术是这样的："我们现在免费熨烫，免费快递，免费打理，您想看上衣还是裤子？买不买没关系，我们也可以给您身上的外套免费熨烫一下，这边请。"

此时顾客会将衣服脱下来，我们帮顾客熨烫打理，等待熨烫的时间，

顾客会在店里闲逛，或者是试穿店里其他衣服，并且最好用你的手机给她拍照片，通过微信加好友，发给对方。顾客试穿的多了，其他同事又帮她烫衣服，服务了这么久，即使不买也会给她留下深刻印象，只要我们的衣服版型好，不怕她下次不光顾。

有很多珠宝店经常利用这种方式，他们会主动联系老顾客，以免费保养为由头，邀请老顾客带着首饰过来进行免费清洗保养，当一名导购员到维修室去帮老顾客清洗保养首饰时，另一导购员在老顾客等待的间隙跟顾客介绍新款首饰珠宝、试戴珠宝。

过一段时间后，销售的导购员冲里面喊："小张，王姐的首饰清洗的怎么样了？"后面清洗的导购员回答："王姐是我们的老顾客，我正用温水给王姐泡呢，这样清洗的会更到位。"然后销售的导购员再次引导老顾客试戴。如果顾客还是不想购买，过几分钟导购员会拿着清洗完的首饰出来，然后拿给王姐说："这是给您温水泡过再清洗保养的，您看一下还满意吧。"顾客会面带微笑，拿着自己的珠宝离开店。

当然，在和顾客介绍免费事项时，一定要保证有三个免费。不要只说一个，只说一个往往对顾客没有诱惑。这么多免费项目一来给顾客确实有活动的感觉，二来是让顾客有占便宜的感觉，三是白给的一般大家都会想要，吸引住顾客以后再转到产品上，顾客会更容易接受。

 正确的沟通方法：

　　有活动说活动，没活动说免费，连说三个免费。

41. 顾客离开时，倒数第二句该怎么说

顾客离开的时候，倒数第二句很重要，那么这句话怎么说呢？先来看看一些不成熟的导购员的话术：

"姐，拿好东西。"（错）

"姐，我给您送车上。"（错）

"姐，你还有什么需要的吗？"（错）

"姐，这边请。"（错）

一名优秀的导购员，应该很清楚在顾客离开店铺时的话术是非常重要的，不管顾客是否消费，在顾客决定离开之前，导购员就应该知道自己要说怎样的欢送语。一些品牌店欢送顾客时会加上品牌，这无疑是为了搞宣传。一般的街店都是比较亲切自然的欢送语。那么对于导购员来讲，倒数第二句究竟要说些什么呢？

顾客离开店铺，有时候是购买产品之后离开的，有的是看了半天却没有购买任何东西就离开了，不管顾客买没买产品，导购员都应该给顾客一个小小的诱惑，让顾客下次还有机会来到我们店里。即便下次顾客来店里照样没消费，起码增加了我们店的人气，显得人来人往，生意火爆，而且顾客都有从众心理，这样的氛围也能吸引很多客流。

比如，我们应该告诉顾客下一步的销售计划："大姐，我们下周有新款上市（××活动），买不买没关系，您到时候可以过来看一下。"这里面"买不买没关系"是淡化顾客购买的意思，因为现在的人几乎都多少懂一些商业思维，毕竟在公司上班的人是购物的主流，我们告诉顾客不强制、不主动、不拒绝。你来或不来，我就在这里，不悲不喜，不离不弃。

对于导购员来讲,要珍惜每一次与顾客沟通的机会,不要认为顾客即将离开店铺,花再多的心思在即将离开的顾客身上是没有意义的。利用顾客临走的场景,将店铺下一步的促销计划告诉对方,最终你会发现销售额上升这方面也占了不小的比重。

 正确的沟通方法:

告诉顾客再来的理由(新款、活动等)。

42. 顾客不还价，但要求送一件小商品，如何处理

有的顾客说："这样吧，这件衣服我也不还价了，送我这条搭配的围巾吧！"对此，我们如何处理？

"那怎么可以？"（错）

"你拿走了我要赔钱的。"（错）

"围巾这么贵，怎么能送。"（错）

"您是第一个这么说的顾客。"（错）

"喜欢围巾的话，我给您便宜点。"（不能算错）

顾客选择不讨价还价，而是希望导购员赠送配饰。其实，这个时候导购员可以借助索要赠品时拖延赠送的方法来应对。不过我个人在这时习惯用代替法，就是用赠品代替围巾。其实很多顾客也很清楚索要饰品是不合适的，那为什么还要张口索要呢？这还要归于顾客想多占便宜的心理，此时导购员千万别着急回答"不可能"，要知道有时候顾客提出这样的要求，就是随口一说，本就没有放在心上，如果导购员直接拒绝，反而会让场面变得尴尬。

一名优秀的导购员，他会意识到当顾客提出此类要求时，就是做连带销售的机会到了，证明顾客已经喜欢上了搭配的围巾。这时候我们要做的不是谈价格，而是手把手地教顾客围巾的各式打法，让顾客亲自学会打围巾的方法，随后你会发现顾客会对这条围巾爱不释手。如果顾客真正需要围巾，那么他会毫不犹豫地选择这一条，并且根本不会再有任何犹豫。

我就有这种经历：我会买衬衣，结果衬衣上搭配的领带不错，导购员也没怎么介绍领带，而是看我就会一种打领带的方式，导购员随后告诉我目前最流行的打领带方式，并且还教了我两个打领带的新方法，然后我买了衬衫就走了。

但是回家以后感觉家里的领带怎么打都没有那条领带有感觉，搭配也没有那条领带般配，就又回到那家店里。将那条领带买了回来。我一进店，她见到我第一句话就是："我就知道你会回来的！"我说："你怎么知道我会回来？"她说："我教的打领带的人都回来买领带了。"

那么如果顾客非要赠送围巾，不赠送围巾就不购买其他产品，对此我们怎么办呢？

导购员完全可以用店铺赠品代替围巾。我们可以对顾客讲："大姐，这条围巾是产品确实不能送，这样吧，您确实喜欢，就买了这条围巾吧，我给您打个折，再私下给您个赠品，您别让店长知道啊，您看可以吧？这边请。"

这句话的重点是，私下给赠品，别让店长知道。因为在大家的心中，私下给的东西都是特别优待的，别人没有的，这会让顾客感觉你对她特别好，比对别的顾客好，她有了特殊待遇，中国人特权思想还是很严重的。如果她点头，我们直接开票请到收银台。

如果再不行，再用"苦肉计"，说"我要自己往里贴钱的"。一般顾客虽然不是很满意，但也不会强烈反对了，半推半就顺着你的话术和引领就交钱了。如果还不行，那就直接给个赠品让她把衣服买走："大姐，这条围巾是产品确实不能送，这样吧，我们搞活动满3000才能送一个赠品，我私下给您一个赠品，您别让店长知道啊，您看可以吧？这边请。"

 正确的沟通方法：

手把手地教顾客围巾的戴法，让顾客学会戴围巾的方法。

43. 顾客说国庆节再买，怎么办

顾客说："马上国庆节了，到时候我再过来。"对此，我们如何处理？

"国庆节也是这个价。"（错）

"国庆节我们不搞活动。"（错）

"国庆节如果您看到我们价格低，我们把差价退您。"（不能算错）

"您留着发票国庆节您来享受国庆节的活动。"（不能算错）

在当今社会各行各业竞争激烈的形势下，每个店铺都会抓住节假日搞活动，这一点几乎所有的消费者都知道，所以很多消费者在节前会看好自己想要买的东西，等到节日到来，才一并出手。

对待这样的顾客，之前我并没有特别好的应对之策，无非就是让顾客提前享受活动，或者到时候让顾客再过来享受活动。不过，久而久之我发现，让顾客交定金是一个很不错的方法，如果顾客交了定金，那么国庆节肯定会过来，而且交的定金越多，顾客来的可能性越大，但如果顾客拒绝交定金，那么就证明顾客基本上不会来了，所以交定金是确定顾客是否会回来购买的一个最好的方法。

后来我又发现，交定金是有前提的，那就是要顾客喜欢上产品才会交定金，所以这个前提就是让顾客试穿试戴试用，只有顾客试了，才会对产品有感觉。可见"试"是我们销售的关键因素，而"试"也就是让顾客体验，增加顾客体检的深度，往往才能够增加顾客的购买欲，提前交订金才会成为可能。

我们做销售是一个循序渐进的过程，先让顾客看看，再让顾客用手触摸产品，之后让顾客试戴试穿，随后顾客才可能交定金，才可能来店里购买。

在让顾客试穿试戴的过程中还有一个前提条件，那就是服务，人多的时候对顾客服务跟人少的时候对顾客服务的周到程度肯定也是不一样的。顾客少时，可以专心专意地去帮助顾客找到最适合自己的服饰和搭配。所以，这时候我们要打试穿试戴试用牌。我们可以这样对顾客讲："国庆节人肯定多，我们对您的服务可能会有所不周，趁着现在不忙，我们一起帮您选到最适合的衣服，也可以享受国庆活动，可以吧？"

如果顾客认同你的建议，那么基本上就确定顾客会进行购买了，最后是让顾客交定金还是全款，国庆再过来就不是问题了。如果顾客仍然坚持要走，这说明顾客确实不想买，当然这有很多原因，我们挽留两次，两次之后顾客还是要走，那就不要再试图挽留了，切记千万不要强迫顾客试用产品。

正确的沟通方法：

"国庆节人肯定多，我们对您的服务可能会有所不周，趁着现在不忙，我们一起帮您选到最适合的衣服，也可以享受国庆优惠活动，可以吧？"

44. 顾客说"试穿挺好,但已经有了",怎么办

如果顾客说:"试穿也挺不错的,就是家里有类似的了。"对此,我们如何处理?

"多一两件也没问题啦!"(错)

"看您就是有钱人。"(错!好像下一句就是"所以才要宰我一刀"似的)

"要不您看看其他的。"(错,因为转款是最后一招)

"要不您看看这件,正好和那件搭配。"(错,因为转款是最后一招)

顾客试穿感觉不错,这说明顾客对衣服还是相当认可的,虽然没说很喜欢这件衣服,但确实是可以接受的,没有一个顾客会对导购员说很喜欢这件产品。接待有以上说法的顾客,很多导购员会犯一个错误,那就是顾客从试衣间出来后就直接上去一句话:"您感觉怎么样啊?"您放心,没有一个顾客会说"太好了,我很喜欢,现在就开票吧",通常顾客说的话就是:"哦,可以,还好,还行。"

其实,这就是对我们衣服的认可,这就表明顾客是相对满意的,至少没有不满意。所以,顾客从试衣间出来,我们最好不要这么问。那导购员要说什么呢?很简单,直接赞美顾客就行了,比如,"您本来就有气质,穿上这件衣服显得您更有气质了""你手指真漂亮,戴上这款钻戒显得你手更漂亮了",这些话突出了顾客的优势,而配上我们的产品就更有优势。

至于顾客感觉这件衣服很不错但说家里有了,这说明顾客的穿衣习惯已经养成了,或者说正在养成中,一般来说习惯是不会轻易改变的。

就像我喜欢穿蓝色的衬衫,家里有一堆蓝色衬衫,嘴里说不买蓝的了,但后来发现买的衣服还是有很多蓝色的,这就是人的行为惯性,更改很难。因此我认为,即便顾客说了自己家里已经有类似的产品了,导购员也不要急于更换产品。可能有的导购员会追问顾客家里的衣服什么样子,然后努力讲出这件衣服与顾客家里那件衣服的不同,从而劝顾客买下,这样做也是可行的,能把产品讲解做得很到位并不容易,至少是要熟悉产品的。

在实际生活中,我们经常会听到顾客说出类似这样的话语:"这件衣服其他都不错,就是有点……"顾客说这句话的意思多半是,衣服有那么一点点的缺陷,但是最终顾客还是会选择这件衣服。为什么会出现这种情况?因为顾客也知道,找到自己心目中十全十美的衣服不是那么容易。

如果是以前的卖方市场时,顾客说"就是有点大",导购员解决起来比较容易,说"里边穿个衣服就行了",或说"垫个鞋垫就行了",顾客马上也就买了。现在是买方市场,顾客说了算,再像以前那么说肯定收不到预想的效果。在买方市场时代,顾客遇到这种情况,至少会再去其他家看看,说不定有更合适的。

顾客说试穿不错,又说家里已经有了,对这两个问题我们可以用一样的方式回答,那就是强调"机不可失,失不再来"。具体来说,就是设法让顾客感觉到遇见合适的不容易,如果不买等想买的时候不一定能遇到,错过可能会后悔。

更为重要的是,顾客购买产品看中的通常是产品某一点特性,而并非产品的全部,只要某一点正好能满足顾客的需求,那么成交率将大幅提高。

比如面对顾客说出"家里已经有类似的了"的情景,导购员完全可以这样说:"您难得碰到自己喜欢的,有时候我们想买这么适合、喜欢的衣服却不一定找得到,而且现在搞活动(如果没有活动,就不要说现在搞活动这句话),可以省下××元。"这样就给了顾客一个购买的理由,减轻一下重复花钱的罪恶感,这样顾客会欣然接受产品,并很快付款。

正确的沟通方法:

"您难得碰到自己喜欢的,有时候我们想买这么适合、喜欢的衣服却不一定找得到,而且现在搞活动(如果没有活动,就不要说现在搞活动这句话),可以省下××元。"

45. 顾客说"以前买过,现在贵了",怎么办

顾客以前在你的店里买过东西,现在来到店里发现价格很高,就抱怨说太贵了。对于这种情况,有的导购员说:

"不贵啊!"(错)

"不会吧!"(错)

"我们质量也比以前好很多啦!"(错)

"你是在我们家买的吗?"(错)

"现在啥都在涨价。"(说的有道理,不能算错)

当顾客抱怨现在的东西太贵了的时候,导购员就应该意识到顾客已经有一段时间没来过店里了,如果顾客近期来过的话,导购员应该认识这位顾客。因为现在商场越来越多,面积也越来越大了,顾客被分流,反而显得顾客不是那么多,所以接待每一位购买产品的顾客,印象都会很深。

当顾客说这句话时,证明他之前在你的店里消费过,绝对属于老顾客。而现在抱怨价格上涨,导购员需要先克制自己的情绪,不要急于辩解,因为你的辩解往往会显得比较直接,即便你说对了,顾客也会觉得没面子,反而降低顾客的购买欲望。

事实上,顾客知不知道会涨价?答案是肯定的。因为物价只会越来越高,就算有降价也是短期的,长期来看物价是一直在上涨的,这是市场经济发展的规律,顾客从日常的消费就能感受到。

那么我们可以跟顾客解释:我们的产品也越来越好了,不可能很长时间一直不变,现在基本上没有不变的产品。即使我以前卖珠宝的时候,款

式还是会不断更新,而且随着科技的发展,创新越来越多,人工智能将广泛应用,智能戒指、智能衣服都会应运而生。就衣服而言,先不谈论质量,只谈款式也是越来越多,所以款式的改变是一个调整价位的理由。

顾客抱怨产品价格上涨,还有一种可能,那就是他已经看上自己喜欢的产品,只是希望我们能给他便宜点。不管什么原因,我们都把顾客当成一段时间没来了,如果想让便宜点,后面他会再提的,后面再提便宜说明他对这件产品感兴趣了。

我们要让顾客感受自己已经有段时间没来了,因为长时间不来,所以价位有一定的调整。导购员可以这样对顾客讲:"看您有一段时间没来了,这是目前最流行的……而且相比较而言我们家是涨得最少的。"然后再讲述产品就可以了。

先说"看您有一段时间没来了",是让她有一种确实很长时间没来的催眠效果,这样顾客心里也会变得平衡。我不喜欢直接问顾客上次是什么时候来的,如果要问这句话,也要把第一句话说话,然后再问,这样显得没那么唐突。具体的情形很可能就是下面这样——

导购员:"大姐,你上次什么时候来的啊?"

大姐:"上个星期才来过。"

导购员:"那我应该见过您啊?"

大姐:"可能那天你没上班。"

导购员:"不会啊,我天天上班。"

顾客:"可能我来的时候你上厕所了。"

导购员:"不会啊,我们店就我一个人啊!"

这样的对话显然会显得十分尴尬,也会有失顾客面子,这样是留不住顾客的。所以面对顾客抱怨价格上涨的情况,千万不要直接质问顾客,只要心平气和地给顾客解释产品是最新款式,相信一般的顾客都是可以接受的。

正确的沟通方法:

"看您有一段时间没来了,这是目前最流行的……而且相比较而言我们家是涨得最少的。"

46. 顾客买很多东西，要求送饰品，怎么办

顾客普遍希望得到赠品，尤其是买了很多东西的顾客，他常常会说："买这么多，你们模特身上的饰品送我吧。"对这种情况，我们怎么办呢？

"你要问我们店长。"（错）

"我要自己赔钱的。"（错）

"这个饰品卖好贵的。"（错）

"不可以，老板会把我开了的。"（错）

我的观点是，能送就直接送。尤其是老顾客到店里购物，如果看到喜欢的能送的，就直接送给老顾客，让顾客感觉你们确实是朋友，直接送给对方反而让老顾客惊喜。设想一下，你的熟人到你店里玩，看到一个小东西比较喜欢，你会不会直接让他拿走？你甚至会对他说："你先拿走吧，到时候我给老板申请一下。"这样才是熟人。很多东西能不能送，其实我们自己心里是相当清楚的。

我穿的衣服大部分是在××买的，算是老顾客，上次就在他们家看到马夹上有一个箭形的男士胸针，看到以后我比较喜欢，就问导购员："美女，这个胸针多少钱？"美女导购员说："您是老顾客，要是喜欢的话免费送给你。回头我跟领导说一下。"她这么爽快，弄得我都有点不好意思了。最后又在他们家订做了一件马夹。

其实当时纠结的是在不在他们家订做，因为以前的西装是在他们家订做的，待我再想订做马夹的时候，发现以前的布料没了，只有类似的，所

以一直在纠结。这次导购员爽快送胸针的举动让我感动，所以当场决定还是在他们家量体定制。

其实我以前穿的是另一个牌子，那家店铺的男裤比较有名，有一次在他们家我试了一件衬衣，穿上之后觉得还可以，就是感觉价格有点贵，我便对销售顾问说道："这件衬衣能便宜点吗？"销售顾问说："这已经是搞店庆的价格，已经比平时便宜三四十元钱了。"我听完以后根本没多想，说道："三四十元钱也不算多嘛！"

其实，我的本意是希望他能够给我再便宜一点，结果销售顾问说道："你觉得三四十元钱不算多，我们站一天才多少钱啊？"听到他的话，作为消费者，首先我不知道该说什么，同时，我们会觉得很尴尬。随后我只好说道："噢，那我再看看吧。"本来我已经看中产品，结果这位销售顾问的一句话就让我做出了另外的决定。

很多导购员抱怨客流量不够大，顾客消费欲望不够强，其实更多的是我们在销售过程中由于错误的话术才导致顾客流失。在这方面，导购员应该加强自检并积极学习。

在销售的过程中，即便是无法满足顾客的要求，我们也可以选择"替代法"，即选择用赠品代替的方法。比如可以这样说："实在抱歉，这个饰品是公司卖的（不要直接说不能送），我私下送您赠品（讲赠品的好处，让顾客喜欢上）……我私下送您一个，您看可以吧？"导购员这样一说，顾客一般不会再纠结在他所想要的东西上，反而会很开心地接受导购员拿来的赠品。

正确的沟通方法：

"实在抱歉，这个饰品是公司卖的（不要直接说不能送），我私下送您赠品（讲赠品的好处，让顾客喜欢上）……我私下送您一个，您看可以吧？"

47. 顾客说"多买不打折,只能买一件",怎么办

"多买优惠"是消费市场中的一个共识,因此有的顾客会说:"买这么多一点都不打折,那我就先买一件好了。"对于这种情况,我们怎么办呢?

"你买多少都不打折。"(错)

"我们公司规定了不能打折。"(错)

"这些是新款,确实不能打折。"(错)

"这已经很便宜了。"(错)

"其他品牌也是这样,不信您可以去问。"(错)

当顾客提出要打折的要求时,其实表明他是觉得自己买了很多,心理上需要寻求安慰。以上几种回答,都有损顾客颜面,顾客会想:我买这么多,也算是大顾客了,在你们家大顾客跟小顾客一样待遇,那为什么还要在你们家买那么多?

顾客这样想是有道理的,现在产品同质化比较严重,服装仿款如此多,同类家电几乎差别不大,珠宝、家具这类产品,给商家一张照片,商家就能造出一模一样的款式,那么顾客为何还要在你们家买那么多产品呢?这种逻辑一点没错,所以导购员应该考虑到这一点。

当你对你的顾客一视同仁的时候,就是你的优质顾客开始流失的时候。所以我们要对顾客进行分类,如果你给你的优质顾客发的都是打折、促销、买赠等活动类的信息,你的优质顾客也会离你而去,因为大顾客需要的不仅仅是价格,而且需要精神上的满足,也就是面子、虚荣心的满足。

为什么很多商场把优质顾客的名单刊登在报纸上,为什么给优质顾客钻石卡,给普通顾客金卡,会员卡的材料都是不一样的,这是顾客身份的认知,就是为了满足顾客虚荣心和高人一等的那份感觉。你满足了顾客的虚荣心,那么销售也就变得容易了。

针对这种情况,我们的方法是什么?

折扣不可以打,但是其他可以满足,比如:会员卡积分送优惠券,顾客拿上优惠券去超市买自己喜欢的产品;会员卡变成储值卡,里面积分折成钱直接存会员卡里下次来直接抵现金等。让顾客感觉他的虚荣心得到满足,精神上得到满足,而且消费上比打折更划算,起到相当好的效果。

当顾客要求打折,但是我们又无法满足顾客需求时,完全可以这样应对:"大姐,这样吧,我跟店长申请一下,送您一张我们的顶级钻石卡(不要说金卡,金卡大家都听腻了),这张卡可以打八折,只是打折的钱存在卡里,你下次来可以直接抵用。"

如果顾客还是要你打折,那就直接送赠品,如果送赠品还是行不通,那说明她是嫌价格贵,怎么办?那就直接减少产品,本来她看中五件衣服,我们减少到两件,如果两件还不行,那就让她先买一件。而且我认为,顾客对我们的信任是在购买后,而不是在购买前。买过以后如果再想买,会重点考虑我们家的产品的。

正确的沟通方法:

"大姐,这样吧,我跟店长申请一下,送您一张我们的顶级钻石卡(不要说金卡,金卡大家都听腻了),这张卡可以打八折,只是打折的钱存在卡里,你下次来可以直接抵用。"

48. 不管你说什么，顾客只说"我随便看看"，怎么办

这种情况比较常见，有的导购员的回答是这样的：

"没关系的，我帮您介绍一下我们品牌吧。"（错）

"没关系的，正好我给您介绍一下我们的产品。"（错）

"我给您介绍一下，让您也先有个了解。"（错）

"这是我们的新品，特点跟你说一下吧。"（错）

导购员："您好，欢迎光临×××，这是我们春季××新款，我来帮您介绍。"

顾客："哦，我随便看看，你先忙你的，有什么需要我叫你。"

也有的导购员会这样说："好的，您随便看吧，买不买没关系，正好了解一下我们品牌，我们品牌是……"或者说，"好的，您随便看吧，把看到喜欢的产品记下来，我想问下，你喜欢什么样的风格呢？"等等。

很多培训师在此都是想方设法要求导购员介绍和产品相关的东西，比如品牌、公司、风格等等，但现实中的顾客往往一句话："你别说了，我自己看看就好了。"这不能怪顾客，有的顾客确实只是想随便看看，有的顾客属于理智型的顾客，喜欢自己判断，相信自己，不喜欢让导购员影响自己的思维，有的顾客性格孤僻，不喜欢与人打交道。所以，无论你说什么顾客都不想听，或者不想让你影响她。

遇到这种事情，我们怎么办呢？我们的方法是：闭嘴，让顾客自己看就可以了。当顾客在一件产品上的目光停留超过10秒左右，我们走上前

去介绍产品也不迟。这样的顾客多半是还没有融入店面氛围的顾客，他们有自己的主见，但并不是不能引导，只是要等他看上产品以后再引导，而不是在顾客看的过程中去引导。这类顾客比较反感别人打断他们的思维，遇到这样的顾客，导购员要做的就是耐心等待，偷偷地关注顾客就足够了。

如果顾客目光没有在产品上停留，转了一圈就打算出去，怎么办呢？导购员要在顾客快要离开的时候，开始截留推销，推销多久呢？推销到顾客离开门店为止。

有人会说，这样一直推到顾客走，会不会太尴尬。看看下面这个案例你就不会感觉尴尬了。

有一次我在超市买内衣，一直是××牌，就在这个牌子里挑选。突然冒出一个40多岁的女销售员，不停地说"我们××××牌内衣穿着舒服，穿过的人就知道了"，我觉得很尴尬，因为毕竟是男士在买内衣。我面无表情，也不说话，最后只拿了一条她说的那个牌子的内衣，疾步离开。

有的同事可能会说："郜杰老师，顾客走的太快了，我没拦住，怎么办？"既然顾客走的特别快，那尽管让顾客走就是了，走这么快说明顾客可能是一看价位是自己承受不了的，或者感觉风格不适合自己，所以导购员继续照顾好下一位顾客就可以了。有一年冬天我去买羽绒服，到一家店里看上一款羽绒服，一看价位3000多元，我直接就走了，心想即便是打折，也要2500元左右，这完全超出我的预算，所以我毫不犹豫地走出店铺。

我在海宁皮革城培训的时候，有一位大姐跟我说："郜老师，我们店里一位顾客在看皮装，门口来个人，对顾客一招手，顾客就走了。怎么办？"我告诉这位大姐：这个人就不是买东西的，对方是来谈事情的，顺便过来逛逛，如果一眼看中了衣服，那么可能会买，但是看中的几率不大，朋友一叫就走，至少说明没看中衣服，走就走了，不用感到惋惜。

当然，还有一种特殊的情况，就是导购员在介绍产品的时候，顾客听得毛骨悚然。这种情况并不多见，但是我竟然真的遇到过。

有一次我走进一家专卖店，看中了一件所谓的皮草，全羊皮毛领，价格在3000元以上，店员态度非常好，我当时心里还在想买回去送给妻子

作为新年礼物。

店员面带微笑温柔地给我推销,摸着衣服上的毛领说:"这个毛是狐狸毛,我们的狐狸都是安乐死的,死前没有一点挣扎,剥皮的时候一点血都没有溅到毛上,所以毛摸着特别顺,而且这毛领是一整只小狐狸做的……"店员的描述既血腥又恐怖,我一听,赶快将衣服放回原处,疾步而走,从此再也不想看皮草,也不想再买皮草。

切记,店内截留顾客话术不可太长,因为顾客本来就快要走了,如果不能快速吸引,顾客很少有耐心去听一个长话术。比如有人说:"姐,请您留步,这只是我们店里摆放的部分样品,还有很多没有摆放出来,您今天想看什么,您跟我说,我们一定会满足您的需求的。"这样的话顾客很少耐心听下去,而且我们说着也麻烦。

截留顾客的话术,其表述一定要简明扼要,懂得抓住重点。同样是上面那段话,可以这样说:"姐,您想看什么样的衣服/首饰?"直接问就行了。如果顾客还走,再说新款、活动,一直到顾客走出店门。

目前,最常见的应对"我随便看看"的话术则是:"公司让我们跟着顾客,不跟着被监控发现要被处罚的,您看吧,我不说话。"这种表达通常会带来很好的效果,导购员不妨尝试。

正确的沟通方法:

"大姐,公司让我们跟着顾客,不跟着被监控发现要被处罚的,您看吧,我不说话。"

49. 顾客说"在店里看着好看,买回家就不好看了",该如何应对

人的感觉与环境的变化有很大关系,比如有的顾客说:"这件衣服(或其他产品)在你们店里看着好看,怎么回到家就不好看了呢?"对于这种情况我们如何应对?

"心理作用吧?"(错)

"不会啊,您再看看。"(错)

"怎么会呢?"(错)

"光线不一样的。"(这话不算错,因为确实有这方面的原因。)消费者可能没有太在意,作为导购员,我们很清楚店里的镜子和家里的镜子是不大相同的。一般来讲,店铺里的镜子,价格要高很多,属于特制的。珠宝店的镜子是高清镜子,服装店的镜子是比较显瘦、修长,能给胖子减肥,矮子长高,健身房器械区的镜子和瑜伽厅的镜子显得顾客身材好,器械区的镜子显得顾客身材比较壮,家里的镜子才是最常用的,也是最真实的。

正常的镜子是与人等比例的,而照凹面镜就会显得比本人略小,但由于镜子的弧度微乎其微,又显得顾客瘦身效果有不同,但又不夸张。有些店铺的镜子是斜放的,这样一来,下半身无形中被拉长,顾客照镜子时,会显得腿长。其次,镜子的长短宽窄也会有不一样的成像效果,很多门店的镜子,都是长方形或者椭圆形竖直或者斜放摆放,不是为了省钱,而是这种窄的、斜的镜子修身效果更好。

另外,专业的镜子上的水银都会多层电镀,这样镜子光感就会增强。

服装店、珠宝店基本上都是电镀三层水银，成像效果比电镀一层水银的镜子好很多，镜子中的人像也更加显形，就像被美图秀秀磨脸瘦身了一样。一米六的个子，腿长一米二，而且每次逛商店都感觉腿细了。

很多服装店的灯都是专业设计的，显得非常柔和，能让皮肤和衣服看上去增加一层梦幻，其实女人到服装店去买衣服，并不仅仅去买衣服，更多的是减压或者享受买衣服的过程。这样大家也就明白了，为什么很多女孩子总是在服装店玩自拍了。

顾客在店里试穿衣服的时候，由于店里的灯光、镜子的角度、导购员小姐的赞美，都起到了让顾客更自信，让衣服更漂亮的效果。而回到家，家里的镜子、灯光、角度的改变，同样的衣服，穿在同样的人身上，恐怕出来的效果也是不一样的。为什么这件衣服和那件衣服搭配，而不是和别的衣服在一起？为什么服装模特们都要站在台子上显得高一点？为什么柜台里的珠宝总比脖子上的亮？

细心观察一下射灯也就会明白了，店里跟家里不同，店里到处用的都是点光源。一间服装店有个几十盏射灯很正常，每排灯不同的角度打在衣架上，显得灯光均匀又显得衣服立体，橱窗的灯光从模特上方洒下来，把衣服的优点全部显现出来，加上模特又是定制的，周围的环境又显风格，淡淡的柔柔的灯光看啥都顺眼。

最漂亮的衣服永远都是橱窗里的，还有一种说法叫最漂亮的衣服永远都是别人身上的。这句话也适用于珠宝店。珠宝店里不管白天还是晚上都是灯火通明，如果顾客买的是珠宝，那么导购员完全可以这样解释："姐，钻石在不同的光线下显示不同的光彩，在灯光下是一种光彩，在太阳光下看到的是最美的光彩。"

服装店的导购员跟顾客解释就比较麻烦，总不能跟顾客说我们灯光好，我们镜子好。遇到这种情况，我的方法相当简单，就是不停地赞美顾客。既然大家的灯光都是找专业人员设计的，既然大家的镜子都是特制的，那么顾客还来我们店里试衣服，就说明我们的产品比别人家的穿在身上更好。顾客更喜欢我们店铺的风格。尤其是顾客自己看上的，让你拿来的试的。

顾客也就是发发牢骚而已,不要急于做过多解释。

有的导购员可能会说,夸了顾客,顾客还是不买怎么办?其实,即使顾客最后不买东西走了,也是带着愉悦的心情走的。

 正确的沟通方法:

不停地赞美顾客。

导购：别输在不会沟通上

50. 顾客问"以后会不会有更低的折扣"，该如何回答

买东西享受折扣是消费者的普遍心理，比如有的顾客就说："你们公司现在八折，以后会不会有更低的折扣？"你会怎么回答呢？

"那谁知道啊！"（错）

"不好说啊！"（错）

"这要我们领导决定。"（错）

"或许不会吧。"（错）

首先，全场八折活动是为了什么？有人说是为了提升销售业绩，但更多是为了售罄率，也就是说为了全面减少库存，但最好不要使用全场八折，这个活动的效果还不如专款专促的好。另外，很多门店搞活动广告牌上明确写的是五折起，这样的表述往往不够吸引人，其实完全可以直接写五折，这样更容易把顾客吸引过来。

其次，店铺不要随便打折，打折越多，对品牌杀伤力就会越大，最后只能打折、打折，再打折。但是很多人会说，很多大品牌也经常打折，甚至常年打折，怎么就没有对品牌有杀伤力呢？这个跟品牌溢价有关系，不是我们门店负责的事情，属于市场部或者品牌部门负责的事情，与企业的整体战略不无关系。事实上，大品牌打折也会有一个区间，低于这个区间的打折是不会做的。

再次，顾客问"你们公司现在八折，以后会不会有更低的折扣"，说明他肯定有过类似的经历。就拿我来讲，买一件上衣，穿了两次，再路过

那家店打五折,我感觉自己是冤大头,下次再也不要买正价的衣服。即使今年穿不了,我明年穿也可以,反正男人的衣服几乎都是经典款。所以我们不要给顾客一个模棱两可的答复,让顾客买的有顾虑。

必须给予顾客肯定的回答,千万不能在这个问题上犹豫。比如我们完全可以这样回复顾客:"大姐,我们都是十几年的老店了,不会乱打折扣的,您放心好了,我帮您包起来吧。"

对于顾客问以后有更低的折扣怎么办的问题,我们可以理直气壮地说是清库存、号码不全等等,这些我们都会。话术上可以这样说:"大姐,好东西都被您提前选走了,就剩下这么一点库存了,而且号码还不齐全,要不,大姐,您再看看,如果有您能穿的,我私下送您一个赠品。"

正确的沟通方法:

"大姐,我们是十几年的老店了,不会乱打折扣的,您放心好了,我帮您包起来吧。"

51. 顾客觉得该产品不好，怎么办

俗话说"挑毛病的才是买主"，顾客说产品不好，其实是一种要买的信号。那么对于顾客觉得该产品不好的情况，我们怎么办？来看看下面的说法：

"没你的号。"（错！这句话一万点伤害了顾客的"玻璃心"）

"现在这最时尚啦。"（错）

"我是专业的。"（错）

"怎么会不好呢？"（错）

你给顾客推荐了一款衣服，或者给顾客搭配了一件饰品，顾客直接就一句话："我觉得不好。"导购员为了卖衣服就开始赞美、肯定、形容，总之就是想方设法让顾客买下，可能是因为提成高，可能是因为主推款，可能是因为新款。

有一位女顾客说："有一次我去买裙子，是露背的，我说太露了，导购员就说可以在连衣裙外面穿个小牛仔外套，关键是连衣裙上半部分就是牛仔的，我说那么搭不是很奇怪吗，导购员来了一句：'我们是做服装的，怎么搭配还不清楚吗？'言下之意是我品位太差了！"最后，这位女顾客很生气地离开了店铺。

顾客不喜欢或者是觉得不好，自然有顾客的理由，即使你很专业，顾客也未必喜欢你的专业。就像我，交响乐专业性强也很高雅，可是我还是比较喜欢流行歌曲。正所谓"萝卜白菜，各有所爱"，不要用专业来要求顾客，更不要拿专业来束缚顾客的选择。

　　国画大师张大千有兄弟八人，张大千排行第八。张大千以画山水闻名天下，而他有一个三哥叫张善孖，以画老虎而著名。有一天兄弟两人喝酒论画，喝到酒酣之时，张大千说："三哥，以前我专画山水，你也只画老虎，今天我想改改，我画一只虎，你给看看。"张善孖当即首肯。撤去酒宴，摆上笔墨，张大千提笔作画，不消片刻，一只斑斓猛虎跃然纸上，在画的右下角提上姓名、日期，然后盖上自己的印章。张善孖非常喜爱，将此画悬挂在中堂之上。

　　一日，一位友人来找张善孖求画，突然看到中堂之上的猛虎，感觉画风与以往不同，再一看提名、印章为张大千，当即大喜，要求重金买下。张善孖表示给多少钱也不卖，友人于是给张善孖找了一个理由："天下人皆知你八弟以山水闻名天下，却不知他会画虎，如果我将此画买走，世间皆知你八弟还会画虎，这样你八弟将更加前途无量，你不替自己想也要替你八弟想想啊。"为了八弟，张善孖随将此画卖与友人。

　　一时间"大千虎"名扬天下，洛阳纸贵，来找张大千求画者络绎不绝。开始时张大千来者不拒，画着画着突然有一天幡然醒悟：我三哥为了我出名而将画卖出，他是画虎的，我再画虎岂不抢了我三哥的饭碗？我怎么一点都没替我三哥着想过！于是，张大千从此再不画虎。

　　有画的理由，就有不画的理由；有喜欢的理由，就有不喜欢的理由。而且有的理由别人不一定直接告诉你，尤其是在你连问都不问的情况下。由此看来，面对顾客的"我觉得不好"，导购员完全可以这样应对："您喜欢什么样的？除了这样的还有什么要求呢？"但是顾客常常会说："随便，好看就行。"那么我们就这样问："您不喜欢这件衣服的什么地方呢？除了不喜欢这个，还有不喜欢的地方吗？"

　　切记：一定要先问喜欢什么，再问不喜欢什么。如果喜欢什么顾客说清楚了，那就不要问不喜欢什么了。

　　顺便说一下，顾客买衣服时最讨厌的就是每次轻轻拨开衣架看一下，人还没出店呢,店员马上一脸不悦地进行整理,手脚还比较重,好像顾客没买还弄乱了你的衣服一样,又好像在发泄自己的不满。顾客看到这样的情景,肯定会立刻离开。

正确的沟通方法:

"您不喜欢这件衣服的什么地方呢?除了不喜欢这个,还有什么不喜欢的地方吗?"

52. 陪顾客来的人说"觉得不好",怎么办

我们经常会遇见这样的情况,顾客走进门,一眼就看中了自己喜欢的商品。但是跟着一起来的同伴却不喜欢,在旁边说三道四,弄得顾客也犹豫起来。有的同伴甚至说:"我觉得不好,走吧,到别处再看看吧。"这个时候我们应该如何应对呢?有的导购员是这样说的:

"不会吧?挺好的!"(错)

"这可是最新产品,现在最流行了!"(错)

"这个产品还是很有特色的,你难道看不出来吗?"(错)

"我觉得很好,挺修身的啊!"(错)

"先别听别人怎么说,就说你自己喜不喜欢吧?"(错)

导购员可以想一想,陪伴顾客进店的人喜欢某件产品,购买者会不会喜欢呢?答案是不一定的。甚至有的人专门和闺蜜买不一样的衣服、包包等。又不是情侣装,干嘛非要一样的呢?而且现在个性化的人越来越多,每个人的关注点也会不一样。

其次,如果我们真的认为他穿上确实适合(不是为了卖衣服才这么说),那么可以肯定自己的观点,只是要委婉一点,不要让同伴(闺蜜)听到,比如在陪同顾客去试衣间的时候,拉开门让顾客进入的时候说:"我觉得这套挺适合你的,你朋友怎么就觉得不好看呢?"这样"挑拨离间"一下。

如果顾客是女士,那她就会开始多想了,女人总是爱胡思乱想的,最后她可能就会自己做出决定了。当然也可以两个导购员接待两个人,你接

待顾客,另一个导购员接待陪伴的人,每个人选一款各自想要的,说不定陪伴的人也买了一件。

上周末我陪妻子去买衣服,妻子在试裤子,她喜欢精挑细选,我就进了旁边的专柜,其实我没有消费计划,那个牌子我也完全不知道,就是随便看看打发时间而已。这时候一个销售员拿了件衬衫给我看,说是今天刚到的新款,她觉得很适合我的肤色,我想闲着也是闲着,就试试看,穿上觉得还不错就买了。

导购员叫人去仓库给我找新的,在我等的时候,导购员又说:"这几天到了不少新款,您可以慢慢看,有喜欢的我给您找合适的码数。"我看了一圈,又买了一条裤子。然后我就有了一个印象,这个牌子的版型还不错,如果质量过得去,以后可以继续光顾。

但是由于我曾经服务的店里是分柜台的,每人看一段,所以通常我都是自己接待。所以在此我想提醒各位导购员一句话:任何时候,你都是孤身一人。只有你自己可以救自己,任何时候都不要幻想别人来帮你。如果有人帮你,那就把他当作惊喜吧,即使是一个团队。所以,在面对陪伴的人表露不喜欢时,我们不妨直接问:"您喜欢她穿什么样的风格呢?"

由于陪伴的人喜欢的风格未必是顾客喜欢的风格,这样顾客甚至直接否定闺蜜的意见了:"我不喜欢那种风格。"而且问出顾客闺蜜喜欢的风格,我们还可以做连带销售了,即让顾客多试穿几种风格的衣服,不同风格的衣服再配上不同的场合,顾客可能就多选购几套衣服了。

 正确的沟通方法:

巧妙施压 + 征询建议。

53. 顾客说"别人是大品牌，你的产品没名气"，如何应对

"人家是大品牌，你们都没名气。"顾客如果这样说，我们该如何应对呢？有的导购员是这样说的：

"那你买大品牌去吧！"（错）

"大品牌广告费多。"（不能算错，说了句实话）

"你听过什么牌子？"（错）

"大品牌很贵的！"（错）

顾客来我们店铺之前其实已经知道我们不是大品牌了，换句话说，顾客知道我们是小品牌还进来，说明顾客是想买实惠的产品，或者由于预算不多，只能买这个价位的产品。其实作为导购员，我们都很清楚大品牌卖的是形象和服务，小品牌卖的是实惠和性价比。

只要我们让顾客觉得合适，和大品牌的质量差别不大（至少不能一眼就看出来差很多），高性价比就是顾客的需求，我们要做的就是服务好一点，微笑多一点，嘴巴甜一点，服务做到位就行了。

当然，如果本身就是大品牌，只是顾客没听说，导购员切记不要嘲笑顾客。从你们家的装修上，顾客能感觉到你们家品牌和价位的大小。既然敢进来就说明顾客还是有这个经济实力的，因此要把每一位来的人都当作你的顾客。

其次，大品牌服务未必好。有一次我跟我母亲去买钻戒。我母亲挑了一个，问导购员这个钻石是什么等级的，那个导购员一脸嫌弃的样子，扭头跟旁边她的小伙伴嚷道:"这么小的钻石她竟然还问我什么等级!"不仅伤害了我母亲还伤害了那颗小钻石,这家店好歹也是个全国连锁店,因此我们离开就是必然的。所以说亲和力可以让顾客更愿意找你买东西。

我以前做导购员的时候,有一天我正在接待一拨顾客,这时进店几位顾客,一看就知道是从农村来的,可能是第一次进珠宝店,缩手缩脚的,显得有些胆怯。我一边接待身边的顾客,一边微笑着冲他们微微点头,打个招呼。

他们上楼转了一圈,又下来了,这时我已经接待完了前面的顾客,他们就直接来到我的柜台。经过了解,知道他们要集体结婚,来城里买结婚用品,顺便来买一枚钻戒。于是我把他们领到三楼,帮他们挑了几枚钻戒,他们很感激地说:"我们一来就感觉到你很亲切,就直接来到你的柜台,多谢你了。"

对于抱怨产品都没名气的顾客,我们应该这么说:"大姐,我们的款式是今年最新的,喜欢适合的才是最好的,您先试试,看看我们家衣服上身的效果。"简单的话术,就能够让顾客既有面子又能帮助我们出单。

正确的沟通方法:

"大姐,都说大品牌做人,小品牌做事,我们的款式也是今年最新的,适合自己的才是最好的,您先试试,看看我们家衣服上身的效果。"

54. 顾客说"你家款式太新潮,都不适合我",怎么办

"你家款式越来越年轻,都没我穿的了!"能说出这句话的必定是老顾客,甚至是 VIP 顾客。那我们应该怎么办呢?

"不年轻啊!"(错)

"怎么可能呢?"(错)

"不会啊!"(错)

"那你买老年的去吧!"(错)

其实,顾客说这句话的口气多半是在开玩笑,我们千万不要以为他真的说自己变老了。

我在商场工作的时候曾经遇到过这么一件事,一个年轻的女顾客在我们商场三楼的一家服装店门口的促销车(有的地方也俗称花车)选衣服。导购员在店里忙,我正在巡场,看到后走过去接待她:"美女,你穿这一件挺好看的。"女顾客说:"我身材有点胖。"我什么也没说,就静静地看着她。谁知过了一会儿她突然说,"我身材也没你说的那么好!"笑着让旁边的导购员开票了。当时我感到很诧异,毕竟我什么都没说,怎么她觉得我说她身材好呢?后来想了一下才明白:女人都爱做梦,尤其是做别人夸她们的梦。

曾经有一个女顾客这样诉说她的故事:春天的时候我明明很胖,穿着她家那条军绿色麻裙就跟小猪一样,她们还一个劲夸漂亮、合身、有气质,两三个导购员一起夸。结账的时候,拿钱包出来也会说:"哇!你看她的钱包好漂亮啊……"

现在的社会谁不喜欢年轻？尤其是到了一定岁数的中年男女。遇到这类顾客，我们需要做的就是不吝啬自己的夸赞之词。话术方面我们可以这么说："大姐，咱们家的衣服每年都会加入一点当年的流行元素，做一些小调整，在维持过去的风格之外，您穿着也能有不同的感觉……"

正确的沟通方法：

"大姐，咱们家的衣服每年都会加入一点当年的流行元素，做一些小调整，在保持风格的同时，您穿着也能有不同的感觉……"

55. 顾客说"你家商品只是挂个外国牌子而已",怎么办

有的顾客说"你们家只是挂个外国牌子而已",我们应该如何应对呢?

"不是啊!"(错)

"那也比国内牌子强!"(错)

"爱买不买,不买走!"(错)

"你这么说什么意思?"(错)

很多人听到这句话的第一反应是:这个人是不是来挑衅的?顾客要是来诋毁我们的品牌,我就要誓死维护我们家的品牌,哪怕不卖也不能被侮辱。于是开始跟顾客对立,准备与之对决。

顾客究竟是不是来侮辱你们家品牌的呢?当然不是,顾客进店的目的其实就有一个,那就是购物。就算退一步来讲,顾客真的是来侮辱你们家品牌的,难道你打算当着其他品牌和其他顾客的面跟他大吵一架?如果这样,以后其他品牌的导购员会跟顾客怎么说:"他们家也就挂个牌子,上次顾客因为品牌的事还跟她们大吵一架……"这类流言蜚语会越传越离谱。

顾客之所以这么说,很多时候也仅仅是听信了流言蜚语,他们本身是不了解情况的,所以顾客才会这样问,那么我们稍作解释就可以了,不要在这个问题上过多纠缠。二是顾客看上的产品超出了他们的预算,希望通过这个方式来实现砍价的目的。其实不管什么原因,我们都好言相待,把问题解决就可以了。

有一天晚上,我们的店里来了一对男女顾客,一看就知道两人刚吵架

了，男的气冲冲地走进来，要把订的一枚 5000 多元的钻戒退掉，女的站在门口的台阶上不肯进来。我迎了过去，问男的怎么了，因为什么事生气。男的说：我给她买了一枚 5000 多元的钻戒，她嫌小，说和她的姐妹们比起来有点小，非让我给她买一个 1 万多元的，我哪有那么多的钱！听了这话，我说：我帮你说说吧。

我过去把那个女的叫进来，对她说："你男朋友还是爱你的，虽然他给你买 5000 多元的戒指，但他还是爱你的，他是为你们日后的生活考虑，现在买房子、装修、举办婚礼，都需要花钱，现在买个小的，等过了这一段，再换个大的，又不贬值。再说，你也不要和别人比，俗话说'人比人，气死人'。要比的话永远也比不过来。"我又转身对男的说："一辈子就结一次婚，是个纪念，买个稍好一点的，以后也不用换了。"

到后来，他们两个反而调过来了，男的要买 1 万多元的，女的说 5000 多元这枚就可以了，最后他们买了一枚 8000 多元的。来的时候谁也不理谁，走的时候，两人又手牵手幸福地走了。

无数类似上面这种情况的事实告诉我们，无论在店里遇到怎样的事情，我们只要正常处理就好，始终要明白，我们的目的就是促成销售，除此之外，一切都是次要的。既然顾客只是听信传闻，那只能说明顾客对我们的品牌还不够了解，很可能是第一次来我们店。导购员只要做到让顾客明白现在我们是一个怎样的品牌，以及发展状态，随后将介绍重点转到产品上即可。

正确的沟通方法：

面对顾客的质疑，导购员可以这样应对："您说的那是刚开始合资的时候，经过这几年的深度合作我们的设计、制作、理念、管理上都已经完全融合，所以，这一点您完全可以放心，您今天来是想看上衣还是裤子？"

56. 顾客说"一件背心八百太贵了！"如何回答

"一件背心就要八百？太贵了吧！"有的顾客这样说，那我们如何作答？

"打完折也不贵啦！"（错）

"你要看品牌啊！"（错）

"真的吗？您确定贵吗？"（错）

"不是吧？"（错）

记得有一次我去批发品牌男装店，看见一件衣服标价350元，我问店员是否可以优惠，随口问300元可以吗？店员撇着嘴很直接地说：男人要对自己好一些，连50块都舍不得？

对于顾客来讲，价格贵不贵主要看个人承受力。很多导购员卖久了高端产品，就会熟视无睹，觉得价格不算贵。这也可以理解，就像我以前卖钻戒的时候，觉得1万以下的钻戒都是便宜货，其实那时候我的工资也不高，之所以有这样的想法，完全是环境所致。顾客一旦说出"太贵了"这句话，导购员最主要的是要看清楚顾客的真实想法，要看看顾客是想离开还是想要折扣。

在这里我要分享一个失败的销售案例。一对母女来到店里，二人穿戴讲究，我过去接待，问她们想看点什么。那位母亲说，她的女儿要过20岁的生日，想买一枚钻戒送给女儿作为生日礼物，价钱无所谓，只要女儿喜欢就可以。我一听，觉得好生意来了，就帮她们挑了一个价位在2000

多元不到 3000 元的钻戒,女儿很喜欢,但母亲说再看看。

这时我觉得要加以引导了,于是就说:"再看看也可以,您重点看一下切工和品牌。"这句话我感觉没有说错,没想到那位母亲大为恼火,对我呵斥道:"谁让你多嘴了?我们母女说话关你什么事!"说完,拉着女儿就走了。

生意失败了,我就想我错在了哪里,后来想明白了,中国有句俗语,叫作"低头卖货,抬头看客",我的生意失败,就是因为我只顾着低头卖货,没有抬头看客。其实,那位母亲并不想出太高的价钱买钻戒,她只不过想让女儿高兴。

自此以后,我知道卖货的时候,不光要听顾客说什么,更要看顾客的表情和行动,行动最具有说服力。有的时候,顾客嫌价格高,只是为了我们能够给个折扣,无论折扣大小,他们都会掏钱拿货。有的时候,顾客抱怨价格高,可能是真的超出了他们的承受范围,此时,空手离店是在所难免的。

当然,无论是哪种情况,我们要做的就是告诉顾客产品的好处,要说出细节,随后尽量劝顾客去体验产品。

正确的沟通方法:

"大姐,如果只看标价确实有点贵,只是我们这件衣服有 18 个细节跟其他的背心不太一样……您这边穿一下,看看上身效果,这边请。"

57. 顾客认同产品,但说下次带朋友来看再决定,怎么办

"这件衣服真不错,下次我带朋友来看看再决定吧。"这是很常见的顾客的说法。那么我们怎么办呢?

"既然不错就买了吧。"(错)

"现在买送赠品,最后一天了!"(错)

"过两天来就没货了!"(错)

"现在买,我跟老板申请打个折。"(错)

顾客说这样的话,我们要分清楚他是否只是想以此为借口。如果真是借口,我们最多逼单两次,如果顾客还是不买,那顾客离店也不用感到惋惜。如果下次顾客真的带朋友来店里,结果朋友不喜欢怎么办?这种情况出现的虽然少,但是我们也要知道如何处理。我们的方法是,把顾客看上这款衣服的卖点重复介绍一次,让顾客的朋友听到。

比如这样说:"您上次看的这件衣服,比较喜欢它的束腰,显得腿更长了,您还喜欢它的蕾丝,显得……"朋友一听,才知道:原来这才是她买这件衣服的原因,我都没在意到她的想法。朋友这样想的话,也就不再反对了。

其实只要顾客买回去,再回来退的可能性就比较小了。我们不妨回想一下,如果你的朋友买回去一件衣服问你意见,你会怎么回答她?一般我们说的都是"你喜欢就好"。而且顾客也觉得这件衣服真不错,真的是自己喜欢的,买回去即使朋友说不好看,回来退的可能性也不大。退一步说,即便顾客和朋友一起来后买回去了,又来退了,作为导购员的我们一样是要接待的,凡是顾客要求退的,二话不说直接退。

事实上,真正退货的顾客当中,100个人里最多一两个。如果不退,顾客满意度会大大降低,甚至会和店员发生口角,损失的可能不仅仅是一两个顾客,很可能会影响到我们的销售业绩,进而影响到品牌在消费者心目中的形象。

现在竞争这么激烈,老顾客越来越重要,销售占比也越来越多,何况现在很多服装厂家都会有15%的返厂率。我的观点,直接退并给予承诺,以提升顾客满意度,这样一来,顾客以后就愿意再次来消费。

顾客说下次带朋友来看看再决定,这是犹豫不决的表现,导购员应善于为顾客参谋并推动顾客前进。为此,话术方面我们可以有以下几种说法:

"那好吧,我尊重您的决定。只是我觉得这件衣服不管是在款式上还是颜色上都非常适合您,但我也怕自己还有解释不周或是怠慢的地方,所以我想请教一下是什么原因让您现在下不了决心呢?"

"哎呀,那好吧,只是我比较担心您下次来的时候还有没有这个款,因为我们这款衣服卖得比较快。上次有个顾客看好一款衣服,仅仅晚了两天,结果就没有了,调货也调不到,害她懊恼了好久,搞得我们也很不好意思。所以我建议,您要是喜欢,还是今天拿,来,我帮您拿件新的吧。"

"大姐,这件衣服就剩这两件了,您可以先拿回去,如果您朋友不喜欢,在一星期之内,您可以随时来找我退或者换,我叫王美丽,工号007。您直接找我就行了。"

"小姐,那您今天不带朋友来真是太可惜了!这件衣服您穿起来简直就像为您量身订做的一样,价位又不高,而且我们今天刚好又有促销,过几天促销就结束了,并且也不知道还有没有货。如果没有那多糟糕呀,所以我建议您还是今天买比较合适。"

正确的沟通方法:

顾客认同产品,但说下次带朋友来看看再决定,其应对的话术结构是:*产品的稀缺性+店员承诺。*

58. 在你介绍完商品后，顾客转头就走，怎么办

在你介绍完产品后，顾客转头就走，这种情况很是常见。那么我们怎么办呢？

"请留步，我想知道您走的原因是？"（不能算错）

"您别急着走，您想买什么？"（不能算错）

"我是不是有什么服务不周的地方？"（不能算错）

"您能不能说说想看什么？"（不能算错）

导购员之所以做出上面的回答，是因为还没问清楚顾客的需求，所以介绍产品时毫无针对性，导致顾客才会转身离开。

当顾客进店之后，应该在简单的寒暄过后直接询问顾客的需求，从而有针对性地介绍适合顾客的产品。如果顾客一进店就直接提出自己的需求，这对导购员来讲是一件好事，起码我们在给顾客介绍产品的时候，主流方向是明确的。

实务中我们有些导购员在这方面的话术是错误的，比如顾客说你们有没有时尚一点的上衣？很多导购员说：有啊，您看这几款都是时尚的，我来帮您介绍……然后顾客问，那边的那款我感觉也不错啊。导购员说：是啊，那款也不错啊，也是我们的新款，我也来帮您介绍……然后顾客说：另一边的那款呢？导购员说：这一款也不错啊，我再帮您介绍一下……最后顾客说：我再看看吧！

在这整个对话过程中，导购员完全被顾客牵着鼻子走，一开始就处于

被动状态。或许导购员会问,怎么样才能抓住主动权呢?很简单,就是直接问。比如:"时尚的上衣肯定是有的,这一点您放心,请问一下您是需要商务的还是休闲的呢?"

还有一种情况,顾客进店之后,会主动询问导购员产品的质量和款式,这个时候如果导购员不能够抓住主动权,就很容易让对话变成促使顾客离店的催化剂。

具体场景是:顾客一进门就问,你们的产品质量怎么样?错误的导购员会说,我们的质量不错啊。顾客说,那你们的款式呢?导购员说,我们的款式也不错啊。顾客说,那你们的服务呢?导购员说,我们的服务也不错啊。

这样的对话,在实际销售过程中并不少见,最终的结果会是怎样?会是顾客转身离开!我们不妨直接对顾客说:"质量的部分您放心,就是因为质量很好,我们的回头客特别多,请问一下,您是需要上衣还是裤子呢?"

顾客如果说:你们的衣服好像不适合我的风格。导购员应该说:其实衣服适不适合,用看来判断并不是特别准确,有些衣服看起来很普通,穿起来却特别出色,所以您可以穿起来感受一下,请问您是需要上衣还是裤子呢?

顾客进门先要迎宾,然后在距离三五步的位置等接待;在找到接近的时间点后马上走过去,走过去就可以用开场技巧,随后从开场进入到询问。这里的询问用的是封闭性的询问需求、帮顾客总结需求。然后进入产品解说,进入反对问题,问到价格问题,二选一结束。

我们问顾客的需求,可以用多种问法,诸如"自己穿还是送人?""商务还是休闲?""修身还是宽松?"一口气最多连续问三个,一般问两个需求即可,然后针对顾客的回答进行产品讲解和帮助选择,如果还有问题,稍缓进行发问。

如果在了解完顾客需求、介绍完产品之后,顾客还是选择离开店铺,此时,可能是因为价格因素。所以导购员不要觉得遗憾,毕竟不是所有的顾客都会直接买单的。

在有针对性地介绍产品的过程中,导购员应该掌握好时机,见机行事。要敢于降低自己的身段,勇于承认错误,表现出良好的素质,然后根据顾客的需求进行相应的推介引导。在推介引导时,注意要将产品的核心价值清晰明了地表达出来,千万不能错失交易时机。

正确的沟通方法:
有针对性地介绍产品,然后根据顾客的需求进行相应的推介引导。

59. 顾客试穿几套衣服后，什么也不说就要走，怎么办

顾客试穿几套衣服后，什么也不说就要走，这是蛮正常的。可能是顾客都看不顺眼，也可能与我们的服务态度有关。有些导购员遇到这种情况会说这样的话：

"请留步，您先别急着走。"（错）

"您想看什么款式？"（错）

"您可以坐下来喝杯茶！"（错）

"我们还有其他款式！"（错）

顾客试穿后要走，作为导购员，肯定知道顾客不买的原因！因为在顾客试穿衣服的过程中，势必会表露自己的喜好和要求，导购员不仅要听顾客说什么，还会注意顾客的表情。某种意义上讲，有时候顾客不试穿，我们也知道顾客走的原因。

比如，顾客看了一眼转身就走，说明顾客没看上衣服的颜色或者款式；顾客看了一眼，摸了一把走了，说明没看上面料；顾客看了一眼，摸了一把，一看标签走了，说明顾客觉得价格太贵了；顾客看了一眼，摸了一把，一看标签，然后说要试试，结果试完脱下来走了，说明不喜欢版型；顾客试完脱下来问最低多少钱，表明顾客要砍价买单了。

其实，在顾客试穿衣服过程中，导购员从顾客"哼""啊"这样的语气词里也能够感受到顾客对衣服是认同还是否定。有时候顾客只说半句话，导购员就应该能够从顾客的半句话中，明白他究竟要表达什么。

我有一次去吃快餐,发现隔壁桌坐了一位非常漂亮的美女,忍不住多看几眼,不料被那女孩发现,她居然过来问我:"你看我?"我心中窃喜,回答道:"嗯,我想请你吃饭。"女孩果断地回应道:"你知道小明吗?"这样的暗示,我也就明白"小明"的厉害了。

许多时候,顾客的话语就是一种暗示,聪明的导购员会很快掌握顾客的心思。即便顾客选择离店,只要你知道顾客离店的原因,那么就简单了,是你推荐了几套顾客都不满意(一般推荐三次顾客不满意直接走人),原因就是货不对人,或者销售技巧运用的不到位,或者构图技巧不够好,或者没问清楚顾客的需求。

但不管哪一种,其实就是货品基础没打好。这就要求导购员具有一定的实践能力,在看到顾客之后,应该能够感觉到什么产品是适合什么样的顾客。当然,这种能力不是一两天就能练成的,需要长时间的经验积累。

面对顾客试穿几套后,什么不说就走的情况。我们的解决办法很简单:理解货品,不仅仅是熟悉货品。导购员可以在店里顾客不多的时候,试穿店里的衣服,理解衣服是为什么而设计的,设计师设计这件衣服的目的是什么?什么场合穿什么衣服,突出衣服的什么地方,等等。熟悉衣服的 FABE 销售技巧,了解衣服适合的顾客群,从而更有针对性地销售衣服。

 正确的沟通方法:

掌握货品知识,完成 NFABE 流程。

导购：别输在不会沟通上

60. 顾客是学生，没有购买力，怎么办

顾客中有的是学生，他们虽然喜欢某产品，但价位接受不了，这是很常见的情况。有的导购员是这样说的：

"我们这个牌子从来不打折的！"（错）

"这衣服比你身上的好多了！"（错）

"刷信用卡，学生贷啊。"（错）

"问父母要就行了！"（错）

首先，导购员不应该瞧不起学生，不要认为学生就没有消费能力，否则会在后续的接待过程中表现出随意、漫不经心的样子。要知道现如今的学生并非旧社会时的"穷书生"，他们多半是具有购买能力的。

有这样一家店，店里有两个专柜，一个是折扣的，一个是新品不打折的那种。一名高中女学生逛到没有打折的，刚走过去，面对的一个女导购员就冲这名高中女学生说："这边的东西不打折的。""不打折我就不能看了吗？好像我买不起似的。"女学生边说边继续看。看到一双鞋子女学生要求试穿，导购员却说："这个鞋子788元，新款不打折的。"

女学生又看一款运动裤，说：你拿一条我试试吧。导购员去拿了，走的时候说了句："这个裤子不打折，398元哦。"女学生很生气地说道："我知道是不打折啊，不打折我就不能买了吗？"导购员这才笑着说："不是那个意思哦，我是说打折可以去那边买的。"说着指了指折扣专柜的方向。

这种现象不少见，很多导购员都会认为学生只能有能力买打折产品，不打折的产品学生是买不起的，这种思想明显是不对的。

首先，顾客嫌弃价位高，可能是因为他想还价。了解了顾客的这一种

心理,我们不难发现只要我们能给予折扣,或者是跟顾客介绍清楚产品的价值,顾客都是很容易理解的。

其次,现在的学生真的没钱吗?其实不然。所以当学生抱怨产品价格高时:第一是可能他们身上的钱不多,这件产品真的超出了他们的预算;第二,可能是他只希望导购员能够便宜点,剩下点钱可以用来买零食或者打游戏等。

当然,面对顾客要求降价的情况,作为导购员的我们所应该做的就是多介绍产品的好处和价值,让顾客喜欢。很多聪明的导购员会发现,学生还是比较容易刺激购买欲望的,毕竟她们的社会经验少。

有一次,一对情侣顾客来到我所在的店,其中男士是个外国人,要为女的买一款钻戒,当时挑选了一枚2000多元左右的,后来女士又看中一枚3000多元的,然后在这两款之间犹豫了,不知道到底该买哪一枚。这时候就需要我们来适时点拨了,于是我就说:"这个是贵了一点,但是上了一个档次,不过多花了几百块,但给人的感觉就不一样了。"经我这么一说,老外欣然买下。

针对看重价格的学生顾客,话术方面可以这么说:"是贵了一点,不过穿上很显身材,而且质量、版型都很好,更何况可以多穿两年,算下来还是很划算的,况且每天在学校都穿好衣服,会吸引好多异性的。"如果最后还是不买,那么我们留下他们的电话,等搞活动的时候再通知他们即可。

 正确的沟通方法:
让学生知道产品贵得合理。

61. 顾客说"商品不错，就是价位承受不起"，怎么办

价格对顾客而言永远都是偏高，顾客总觉得卖家多赚了他们的钱。当顾客说"衣服还是不错的，就是价位承受不起"时，应该怎样应对呢？以下这些应对方法是错误的：

"其实也不贵啦。"（错）

"也贵不了多少啦。"（错）

"就这么点钱还贵？"（错）

"买不起就别进这个门！"（错）

顾客说"衣服不错"，这至少证明顾客是认可我们店里衣服的，他觉得不是贵，是承受不起。想买但买不起，贵和承受不起是两码事，这一点要搞清楚。产品贵，可能顾客只是觉的价格偏高，但是顾客咬咬牙可能就买了。但是如果是承受不起，那可能是超出顾客预算很多，是顾客无法接受的价位。

我常用的方法有两种：一种就是直接问顾客的承受力，然后转款；另一种就是讲解产品和场景，让顾客感觉物超所值，这个钱花得值。

以前在销售中遇到这么一件事：一天，店里来了三个人，一男一女和女孩的母亲到店里来买钻戒，一眼就能看出来是买订婚钻戒的。可想而知，男士想买一枚价位低一点的，价格控制在4000元左右即可，女士想买一枚价位稍高一点的，8000元左右，而女孩的母亲想要价位再高一点，1万元左右。从价位来看，悬殊还是相当大的。

因为价格,三个人这时都不高兴了,眼看就要酿成一场"风暴",说不定男女还要"闹"分手,再把老太太给气坏,就更是得不偿失了。此时,就要看出营业员的重要性了,一定程度上,营业员担负着维护这家店的责任。

于是我先做老太太的思想工作,把老太太叫到旁边,对老人家说:"孩子们也不容易,结婚是件花钱的大事,他们以后还要过日子的,你也不想你女儿以后的日子过得很紧吧,再说你老了以后还要靠孩子们的啊。"说完以后,老太太有所缓和。

然后我又开始规劝女孩:"你对男孩子的要求也不要太高了,你们以后还要过日子,省的钱不还是你们的吗?再说,男人在外挣钱也不容易,你看呢?"女孩听后也不再说什么了。

最后,我开始劝男士:"既然是结婚,就要买个稍微像样一点的,你看4000多的戴在手上根本就不显钻,她自己在家里戴也就不说了,可她还要出去见亲朋好友,再说钻戒还能保值,咱们中国自古就有三件东西当财产:土地、房子、珠宝。不管买多少,不管买多久,都是值钱货。"最后,他们买了一枚8000多元的钻戒,三个人高兴地离开了。

正确的沟通方法:

面对顾客抱怨价格高的时候,导购员完全可以这样说:"是贵了一点,只是我们这款衣服确实不错,并且是大品牌,穿上去又好看又上档次,人群中一眼就能注意到您,走到哪儿都是焦点。"

62. 顾客不情愿亲身体验产品，该怎样处理

顾客走进门，导购员总是会习惯性地让顾客感受一些产品，因为一旦顾客愿意感受产品的话，会消除对产品的陌生感，增加对产品的好感。所以销售过程中，导购员都会积极地争取顾客做亲身体验，这样不仅可以延长顾客停留时间，更重要的是能促成交易的完成。但是，当导购员让顾客试用（穿）一下的时候，有的顾客根本不听导购员建议，极不情愿感受产品。这个时候该怎么办？

"喜欢的话，可以试用一下。"（错）

"这是我们的新产品，它的最大优点是……你可以感受一下。"（错）

"这件不错，你可以试穿一下。"（错）

在销售过程中，"喜欢的话，可以试用一下"和"这是我们的新产品，它的最大优点是……你可以感受一下"这两句话被导购员们说得最多，有的导购员只要看到顾客一进店或者一看某产品就这么大声招呼，让顾客听得耳朵都起老茧，所以，顾客非常反感导购员这样说。后面的一句"这件不错，你可以试穿一下"话说得不专业，如果顾客觉察出你的不专业，从心里先小看了你。当你说"这个还不错"的时候，会导致顾客不信任你的推荐。

顾客之所以不愿意体验，大多因为觉得太麻烦，怕东西不适合或者害怕体验后不喜欢，但是不好意思不买。所以，导购员要求顾客体验商品的时候应把握如下五点：

第一，自信地给出理由

当顾客很不情愿感受产品的时候，用自己专业的知识给顾客最贴切的

建议，这样才可以获得顾客信任。建议顾客体验的时候一定要通过适当兴奋自信的语言来推动顾客去体验，用充分合理的理由使顾客产生一定要亲自试一下的冲动。

话术方面我们可以这样说："先生／女士，真佩服您的眼光，这是我们的新款，卖得非常好！我认为以您的气质与身材，穿这件衣服效果一定不错。先生／女士，光我说好看不行，来，这边有试衣间，您可以穿上自己看看效果。"

第二，真诚地给予建议

当顾客很不情愿感受产品的时候，首先肯定顾客的眼光，然后以专业自信的口吻建议顾客体验，并且用自己的肢体语言很坚决地引导顾客去试用（穿）。整个过程自然、流畅，让顾客有不试都不好意思的感觉。

话术方面我们可以这样说："大姐，这种饰品每个人戴在身上，效果都不一样。我说得再好，如果您不戴一下，就看不出效果来。其实您买不买真的没关系，请戴着看一下。"

第三，缓解顾客压力

当顾客很不情愿感受产品的时候，在对话的过程中，可使用"买不买都没有关系"这样可以缓解顾客压力，从而引导顾客体验。并且说出让对方体验的充分理由，并让顾客感觉合情合理，认同顾客选择并用兴奋的语调营造热销的氛围，然后迅速地引导顾客亲自体验商品的优点。

话术方面我们可以这样说："大姐，您真有眼光。这款笔记本，充满理性的设计理念，非常受白领知识女性欢迎。当然，光我说好还不行，您可以试试，您自己觉得好才是重要的。买不买没关系，如果您愿意的话，请您自己感受一下吧。"

第四，真诚探询，重新推荐

如果建议顾客感受产品，顾客不是很配合，可以通过真诚的探询来了解顾客的真实需求，并重新为顾客做推荐。遇到阻力的时候真诚询问顾客并寻求顾客意见。引导顾客绝对不可以盲目坚持，当两次建议都遭到拒绝的时候，就不要做第三次建议了，否则就会让顾客有反感情绪。

话术方面我们可以这样说:"先生,我发现您对这款腰带似乎不是很有兴趣。其实,您今天买不买真的没关系,不过我是真的想为您服务。如果您不介意的话,我再为您推荐一款比较适合您的,您看行吗?"

第五,巧用肢体引导

在顾客对于体验产品犹豫不决的时候,可以运用肢体动作来引导顾客,比如有利的手势引导,拿起商品递到顾客面前,或者转身去试衣间,请顾客跟随。

即使面对越来越挑剔的顾客,也不要灰心丧气。要想在竞争激烈的零售市场争取更大的市场占有率,就必须在很多细节上做得比你的竞争对手更好。特别是,不能用一成不变的语言与思维去应对。

 正确的沟通方法:

给出理由+给予建议+缓解压力+重新推荐。

63. 顾客说"你知道××品牌在哪里有卖吗?"该如何应对

顾客问你××品牌在哪里,你怎么应对?下面的回答是错误的,应该避免。

"不知道!"(错)

"没有那个牌子!"(错)

"那么大的字你看不见?"(错)

"我们家比他们家更好!"(错)

顾客询问某个品牌的情况,多出现在商场或者大卖场。顾客直接奔着某个品牌去的,既然他向你问路,说明顾客不是某个品牌的老顾客,是第一次寻找这个品牌,第一次尝试去这个品牌店购物。如果此时顾客正好在你的销售区域,很有可能表明他想买的东西跟你们店里的东西差不多。

如果是以前,我会告诉顾客,我们家的东西也不错,而且也搞活动了,然后给顾客讲产品讲活动。但是发现效果不好,因为顾客的心不在这里,心里时刻想着那个品牌店,很多都是应付地听一下之后,还是会去自己想去的品牌店。

有一次,我去超市帮朋友买×××牌的电动刮胡刀,走到一个也是卖刮胡刀的店铺,但是没有朋友要的品牌,导购员面带微笑,很热情地问我想要哪个牌子的,我说有×××牌的没?那个导购员立马脸色难看,说没有。我很礼貌地说:您知道这儿哪里有吗?那个导购员就指着对面说:"那么大字你没看见吗?"

听到导购员说出这样的话,可想我的心情有多么差。其实作为导购员,完全没有必要这样对待顾客。现如今,我在处理此类事情的时候,不仅会告诉顾客他想找的品牌在什么地方,而且亲自带着顾客过去。其实,即使你不告诉顾客,他自己也是可以找到的。

我们的方法是,先正面挡在顾客的前面,给他一个大大的"特写",让他把你看清楚,因为正面挡路顾客才能在脑海里留下深刻印象,然后再带他过去。带过去以后,我会当着他的面对那家店的导购员说:"这位顾客找你们家,我把他给你送过来了。他是你们的忠实顾客,我们都是同行,请给这位顾客打个折啊。"

这句话说出来,如果对方店铺给顾客打折了,顾客感激的是你,如果不给顾客打折,顾客基本上会回去找你购买产品。

正确的沟通方法:

不是指给顾客,而是亲自带过去当着顾客的面对导购员说:"这位顾客找你们家,我把他给你送过来了。他是你们的忠实顾客,我们都是同行,请给这位顾客打个折啊。"

64. 顾客试过商品后，要求再拿新品，但只剩一件，怎么办

有的时候，顾客试过之后还要求拿新到的货，但店里只剩下这一件了。这个时候我们应该怎么办呢？

"这是刚挂出来的。"（错）

"这是新的。"（错）

"您是第一个试的。"（错）

"那给您便宜点吧。"（错）

告诉顾客是新挂出来的，顾客对此基本上是不信的。或者说，现在的顾客对导购员说什么大都不相信。一般我不会去买试穿的那件衣服，因为不知道有多少人试过了。如果就剩下这件了，我会感觉店里生意不好，货不好，还不如去特卖场买，也是试穿的那一件，但价格实惠，比在店里买正价的好。因为感觉那件就是剩下的，还没有折扣，所以会很恼火，我会直接说不买。

顾客让你拿件新的，说明顾客想买了，拿件新的就可以直接开票了。可是遇到真的没有新的，怎么处理呢？常用的方法是去其他店里调货。虽然顾客不知道调来的货是不是新的，但她的心理得到了满足。如果没有其他店可以调货，或者你就一家店怎么办？我们的方法是讲细节，让顾客相信这件确实是新的 。

同样可以看出，库存的重要性。很多店老板怕压货，就不进那么多储备货。其实有货才能卖货，看着是压货，其实是卖货。换句话说，如果换

季的时候,你库存就剩下十件衣服了,那么我可以肯定地告诉你,你少赚了很多钱。很多老板说:我少量多次地进货。那么我可以肯定地告诉你:库存成本减少了,物流成本增加了。

如果你经营的是女装,那么库存至少要有15%~20%的货,不说别的,就只是打击竞争对手这一个原因,也是要依靠库存的。

如果去其他店里调货不成,就说马上就会有新货到了,请顾客留个电话,到新货了就马上给顾客电话告诉他。

另外,从陈列的角度来讲,就剩一件的衣服,必须是侧挂,不能正挂。一般服装界有个陈列惯例:侧挂卖一件,正挂卖两件,模特身上卖三件。这就是1∶2∶3法则,反映了服装店铺产品陈列与售卖的关系。所以说不要以压货为借口,尽量满足顾客的要求。

面对顾客要新货,导购员要说细节让顾客相信是新的。可以这样说:"这款确实是刚挂上去的新款,您看这领口,您看这袖口,您看这扣子,您看这扣眼,都是新的,您确实是第一个试穿的。"

正确的沟通方法:

巧妙说细节让顾客相信是新的。调货+告知新货+陈列技巧。

65. 顾客询问商品质地，该如何说明

很多顾客会问我们产品的制作材料是什么，我们该如何给出专业的说明？

"不知道。"（错）

"你是第一个问的。"（错）

"自己看吊牌（说明书）。"（错）

"高科技成分。"（错）

有一次我去服装店做调研，问一位导购员莱卡是什么面料，结果导购员说是蚕丝中的蚕丝。我听完后说：莱卡不是人造纤维吗？导购员说：大哥懂行啊，那你还问？我当时心想，要不懂行就被你忽悠了。

还有一次去杭州一家珠宝店做市调，在柜台看到一款翡翠，我就问销售顾问这上面雕的是什么，销售顾问说这是个如意。又看到另一块翡翠，雕得也不是很清楚，感觉像个元宝，就问销售顾问这块雕的是什么，销售顾问说这是个如意。

又看了一块，感觉像个佛手瓜，就问销售顾问这上面雕的是什么，销售顾问说这是个如意。我说怎么都是如意？这个销售顾问说：大哥，如意有各种形状啊。我感觉，如果再看第四块、第五块、第六块，甚至所有柜台估计都是如意。

说这两个例子的目的是想要告诉导购员：当顾客问及产品是什么材料做的这种问题，如果你知道答案便告诉顾客，如果真的不知道或者不清楚，就千万不要乱说或者瞎说。这不仅是个诚信的问题，也是个是否专业的问题。

就诚信方面来说,当我们使顾客不信任的时候,接下来的销售会更加的困难。再者说,专业的顾客也不在少数,一旦当场被戳穿谎言,销售肯定以失败告终。就专业方面来说,一个销售顾问的专业讲解,提升的不仅仅是产品的价值,更多的是顾客对你的信任与尊重,它将会让你在销售中如鱼得水,游刃有余。

如果你在专业知识方面的积累不足,再遇到顾客问你这种问题,你完全可以这样应对:"您问的这么专业的问题我还真没想过,您留个电话,我给我们的生产经理打个电话问问,然后我再给您汇报一下。"

顾客问产品材质一般会有两种情况。一种是顾客本身就知道,所以也不会让你打电话。甚至顾客还会直接告诉你,显示一下自己的能力和水平,你安静地听着就好,他讲完后你夸两句,比如说"大哥/大姐,听您说话就知道您是一个很有能力的人",然后转到介绍产品上就可以了。

第二种情况,顾客也不知道,但也不会让你打电话的,这个时候只要让顾客自己看、自己琢磨,也不妨与顾客一起讨论,这样也能够达成销售的目的。

另外,有的顾客可能会问产品的材料是哪里来的。对于这样的问题,不一定要直接答复,但也不要过于生硬地拒绝回答。同时还要看这个顾客是做什么的,如果是同行的话,一般不会告诉他。总的原则是尽可能地绕开这个问题,说一些和产品有关的东西,让顾客对产品有更多的了解。话术上可以这样说:"这得要看什么材料了,有些东西种类多。但我们的产品配置参数都是公开透明的……"

正确的沟通方法:
专业的介绍,或帮助咨询并告知结果。

66. 如何做好连带销售

连带销售又叫附加销售，这种销售技巧不是完全无目的地推销某种商品，而是深度挖掘顾客的潜在需求后有目的性地推荐适合顾客的商品。

为什么要做连带销售呢？

从我们导购员的角度来说，就是为了提高销售，多拿提成；从顾客的角度来说，就是为了更好地搭配，以达到更好的使用效果。比如，一支洗面奶如果再配上润肤霜、护肤膏等效果会更好。这就是连带销售的好处所在，很多时候顾客也是十分认可连带销售的。

当然，导购员很少做连带销售，原因可能是担心过于推销会让顾客觉得太功利，还有可能觉得推销这么多顾客也未必能买得起。这里面就有一个问题，那就是导购员千万不要低估消费者的消费水平，更不要用自己的消费能力来衡量顾客的消费能力。在更多的情况下，导购员很少做连带销售是因为不知道如何来实现连带销售。

我们换一种思考方式，当导购员将连带销售作为替顾客着想的策略时，或许每个导购员都能够很好地实现连带销售了。就以化妆品为例，化妆品同一品牌更易于产生"1+1>2"的效果，不一起使用，可能护肤效果不够明显，所以整套的化妆品卖得最好。再者成为会员，这样以后就可以享受折扣、赠品等优惠条件。

这样看来，导购员完全可以站在消费者的角度，为消费者的皮肤考虑，从而促进连带销售的实现。

连带销售不要过于推销，这一点非常重要，如果给顾客建议了两次，顾客还执意只买一件，那么导购员就不要再推销了。否则，会让顾客十分反感。

有一次,我和妹妹一起去×××店,妹妹本身只是想进店看看,没想到没走几步,便被导购员缠上了。妹妹本想既然进来了,正好自己的洗面奶也没有了,那就买一瓶好了。没想到导购员推荐两款。而这两款根本都不是我想买的,导购员还将我的推荐贬低得一无是处。最后,在我选定洗面奶之后,对方又开始给妹妹推荐护手霜,导购员看妹妹没有购买的意思,便又开始推荐洗发水。可想而知,最终是不会出销售额的。

曾经听到过一位女顾客这样说:"最烦他们的收银员每次都逼我办卡,我就不办卡,死也不办!"收银员就一副不屑的表情,我说换购物品不需要的时候,收银员都是一脸无辜地问:真的吗,您确定吗?

"还有一件事也和收银员有关。元旦有一活动是送××元的券,我买的够送两张,我就说了一句分两次打可以送两张了,然后那个收银员就说送你一袋巧克力吧。回家后才发现收了我10元钱,顿时感觉结账时没过过脑子。"

可见,这样的连带销售不去操作也罢,毕竟这样的销售方式是在"杀鸡取卵",我敢肯定,这位女顾客以后肯定不会去这家店购物。所以导购员在选择连带销售时,一定要分清主次,要视时机而定。不要强求顾客购买,更不要欺骗顾客,这些行为都不是聪明的导购员所能做出来的。

那么,如何做好连带销售?想要实现连带销售,就需要导购员掌握一些方法。我经过多年的摸索,发现从以下几方面着手,才可能实现连带销售。

第一,多卖场景场合,少卖色彩搭配。

不是每个导购员都擅长色彩搭配,再加上现实中混搭的现象太常见了。我们知道,以前红配绿是会被取笑的,而现在红配绿也可以搭配出不错的视觉效果。

以前有位朋友学了色彩搭配,整天告诉我用色彩搭配做服装陈列能大幅度提高销量。一次,我直接把他拉到一家店里让他做陈列,一到店里他就傻眼了,因为人家店里就卖纯色的衣服——只卖黑色的衣服,没有其他颜色。又带他到旁边的一家店——人家店只卖白色的衣服。又带他到只卖

导购:别输在不会沟通上

红色衣服的店,他学的色彩陈列在这几家服装店里根本用不上,所以陈列和色彩关系不大。

陈列有三看,其中最重要的就是要看库存。要看你的子弹足不足,陈列得再好,就模特身上那一件货,就是浪费陈列资源。

多卖场景场合,就要求导购员记住"5+5"原则。何为"5+5"原则?就是顾客进试衣间的时候,导购员要准备五件适合顾客的衣服放在试衣间旁边,这五件衣服,可以是五种不同场合穿的。很多导购员怕这样太多,顾客会不会反感。其实是不会的,因为你给她搭出了不同的风格,适合不同的场合。

比如,见闺蜜跟见男朋友穿的服装应该不一样,逛街跟去见顾客穿的服装不一样,去博物馆跟去夜店穿的服装应该不一样,开周会跟开年会穿的服装应该不一样,去相亲跟去与朋友聚会穿的衣服应该不一样。不同的场合,自然需要不同的服装。在推销服装的时候,导购员也要多问问顾客打算去什么场合穿,这样的销售才能有的放矢。

当然,还是试穿,一定要让顾客多试衣服,连带销售提及率非常重要。只有顾客亲身体验,看到了上身效果,顾客才会被衣服打动,才可能多选择几件带回家。

第二,人少时连带,人多时快销。

这一点比较好理解,在客人少的时候,导购员有多余的时间来照顾很少的客人,这个时候是最适合做连带销售的。如果店铺里客人较多,没有足够的人手和时间专注服务某一个顾客,那么还是以快销为主。

店铺什么时候人多,什么时候人少呢?这就要导购员知道消费者的购物规律了。一般情况下有以下四个时段:

第一个时间段是周一到周五。这个时间段进店的客人多半是不需要正点上班或者是不需要上班的顾客,换句话说是有钱有闲有闲钱的顾客,还有一种是老顾客。所以这个时间段是做连带销售的最好时机,有钱有闲有闲钱的顾客多买几件衣服问题不大,老顾客关系不错,可以自由交流,连带推销起来也很方便。当然,导购员要记住一点,对老顾客连带推销两次即可，如果顾客不需要，就不要强推了。

第二个时间段是天气不好时，比如风、霜、雪、雨、太冷、太热的时候。这个时间段到你店里来的一般是有购物欲望的，或者是躲避天气的，但是不管什么原因，不管买不买，我们都要热情接待。多让顾客试衣服，只要顾客试穿上，只要衣服漂亮，即使不买也会留下较深的印象，以后再次进店购买还是有很大机会的。

我做过这方面的市场调研，我去第一家服装店，对导购员说今天不买，就来看一下。这家的导购员听完后看看我就说了一个"哦"字，然后就不理我了。

去了第二家服装店，我对导购员说今天不买，就来看一下。第二家导购员说，先生，买不买没关系，你随便看，看到合适的尽管试就行了，买不买没关系。试了半天没买走了，其实我心里也有点不好意思，毕竟麻烦了导购员半天，而且有一件衬衫我穿上还是不错的，虽然当天没买，但那件不错的衬衫一直在心里挥之不去，没办法第二天就去把那件衬衫买回来了。

通过亲身实践，我发现只要穿上舒服好看，就会在顾客心里留下深刻的印象，所以不要怕顾客试衣服，不要嫌麻烦。

第三个时段是晚上关门下班前。很多导购员忙了一天，感到非常累，就想急着下班，其实不知道这个时间进店的顾客，基本上都是要买东西的顾客，不然不会晚上下班了才去买东西，这是连带销售的大好时机。

在此强调一点，晚上下班之前不要打扫卫生，这样会让顾客不好意思进店。等下了班，关上门之后再打扫店铺的卫生。如果你是一位顾客，一家店的导购员在打扫卫生准备下班，一家店导购员没有打扫卫生，你会进哪家店呢？肯定是没打扫卫生的店。一是因为顾客不想麻烦打扫卫生的导购员，二是怕进去再把你家的店弄脏了，还要让你再打扫。

第四个时段是节假日后的几天。比如五一、十一过后，店里客流量比较少，错过大的节假日来选购产品的，多半有很多空余的时间。此时，导购员要耐心接待顾客，抓住这个连带销售的好机会。

  一位女顾客这样讲述她的经历：春节过后的那几天，城市里都成空城了，我和两个朋友去看电影，电影还有40分钟才开场，朋友提议去旁边的金店逛逛，一是为了打发这40分钟等待的时间，再者是她还有两个月过生日，老公答应送她条项链，想要提前选好款式。

  走进金店，我们几个就围着一盒项链叫导购员一个个拿出来试，不过确实没有很中意的款式，另一个朋友比较直，随口就说"反正现在也不买，说不定到时候就有新款了"，在场的导购员听见了，但是没有表露出不耐烦，而是说："我们每个月都有新款上市，到时候您再来看也好，现在有新款的彩银手链，价格很合适，过几天就开春了，搭配春装挺漂亮的。"然后拿出一盒彩银手链给我们看，一看确实挺漂亮，价格也不贵，我们仨就一人买了一条。

  第三，买过后不一定要走。

  当顾客消费完成之后，不要急着对顾客说"谢谢光临请慢走"，而是要说，"如果不忙的话，可以再看看"。没有人规定顾客今天来只买一件东西，没有人说顾客不可以买完一件再看看其他的。主动邀请顾客再看看其他产品，这对我们来讲没什么损失，对顾客来讲，可能就是再一次消费了。

  一次我到一家专柜，看中一件衬衣，穿着挺好，就买下来了，销售顾问说：您现在要是穿着走的话，我可以帮你烫一下，这样穿着更妥帖。我说"好"，然后就到旁边其他品牌的专柜转了一下，看到一款丝光棉衬衣也不错，试穿后也买了下来，正在把这件衬衣打包的时候，那个销售顾问拿着烫好的衬衣过来了，看到后，她突然说了一句："这款我们家也有！"

  听完以后，我就在想：如果你早说的话，我可能就在你家连带消费了。有时，销售顾问随口说一句连带销售的话，就可以达成连带销售，然而很多销售顾问连一句连带销售的话都吝啬出口，让连带销售成了一种销售的奢侈。

  这个很多女孩子应该能理解，很多女性顾客买完衣服，一般都不是很急着走，都想再看看，而且很多女性顾客经过选择、试穿、去收银台等过程，都会有点累，不是立刻就想离开。我们所做的就是让她们休息、停留、聊天，

聊聊她们的爱好和经常去的地方，然后发现更多的商机。

导购员在做连带销售的过程中，还是要多加注意，否则连带销售没实现，反而会让顾客反感。

一是在进行连带销售时，先推荐顾客想买的产品，然后再向其推荐其他产品，避免主次不清吓跑顾客；

二是确保你介绍的产品与顾客的需要有联系，而且比较容易上身上手，比如销售外套连内搭衬衫是比较容易的，这样更好地做到连带销售。

有一次我去买药，遇到了很不靠谱的药店促销。一般药店促销专带你选些贵的药也就罢了，但促销员却走过来，煞有介事地对我说：这个药就这样吃很伤身，你加上这个×××一起吃效果才好。我以为自己听错，她又说了一遍。确定没听错之后我有点恼了："我买这个药是外用的，是不能吃的。"促销员顿时不说话了了。

三是不要给顾客"你感兴趣做一笔生意"的感觉，先把自己的意识给修正好。

四是在时间允许的情况下，请展示至少五件产品，展示的好不好这个不做要求，但是拿够没拿够就要注意了。

聪明的导购员在做连带销售时，常用以下话术：

第一句："我们这边有和这件衬衣配套的领带，您可以试戴一下，看看衬衣合适不合适？"为什么要这么说呢？因为如果导购员仅仅对顾客说"我们这边有领带，你可以试戴一下"，顾客不一定试戴，而让他看看衬衣合适不合适，这样他试戴的几率提升了很多。这里面重点是"相配套的"让他感觉有整体、成套的效果。

第二句："既然来了一趟，给亲戚朋友家人也带件吧。"这句话能够引起顾客无尽的联想，可以产生相当多的连带销售。

 **正确的沟通方法：**

配套+其他人。

67. 如何快速成交

要想实现快速成交，导购员应该怎么做呢？首先，需要有一个好的心态。不要怕，只要将产品讲解到位，顾客心动之后，就可直接促成销售。在这个过程中，成交一定要主动，别等着顾客说开票，一定是导购员主动说开票。

其次，成交不要拖延。要学会趁热打铁，不要等顾客兴奋度降低之后再促使顾客付款，要知道人的兴奋情绪往往就在一瞬间。就像月底发工资，你能兴奋多久？有个学员直接告诉我："邰老师，其实也就是拿到钱的那一瞬间。装兜里就没感觉了。"一个月的工资也就兴奋这么点时间，何况一件产品，没成交前还不是她的，所以看到时机马上促成交易。

有的导购员可能会问：这样直接成交，会不会让顾客感觉我们太势利？不是有很多人说要跟顾客交朋友，销售欲望不要太强烈吗？我可以确切地告诉有质疑的导购员，凡是这么说的人，他的老师肯定不是门店培训师，而是业务培训师。业务员这次不成交，下次还可以见面继续沟通。我们导购员这次不成交，下次再见面就不知道要等到何年何月了。

我做了这么多年导购员，卖了这么多年东西，但交的朋友并不多，有，也是成交以后才成为朋友的。所以，我们要先成交，然后才可能成为朋友。主动要求成交，才是成为朋友的第一步。

再次，有人说：我不知道该什么时候成交，找不到成交的机会。那么什么时候成交呢？很简单，在讲解完产品，顾客可能会有疑问，我们处理完顾客每一个问题就可以成交一次。

最后强调一点，成交一定要主动。这一点导购员需要特别注意，不主动成交,往往会让销售失败。

对于导购员来讲,能够掌握好成交的时机,是促成成交的关键之一。那么,究竟要从哪几方面来发现是否适合成交呢?我们不妨先从语言方面来看:

一是顾客开始计算数字。

顾客开始算账了,有的时候顾客直接拿过来你放在柜台或者桌子上的计算器自己算,有的顾客会让你帮她算,说:你帮我算一下,这件衣服打八折多少钱?很多导购员就点开计算器开始算,比如"这件衣服1000,打八折是800",说完以后含情脉脉地看着顾客,想着顾客应该要说开票了,但结果往往是顾客会说:这么贵啊,你再便宜点吧。所以我们要主动成交。

完全可以这样说:"这件衣服1000,打八折是800,您看您待会儿是刷卡方便一点还是付现金方便一点?"50%的顾客会选择买单。另外50%的顾客会说太贵了等等,那么再解决他的问题,但前提是你必须先说买单,不能等着顾客说买单。你不去结束,你要等顾客说"买单",这样的几率太小了。每一个自动买单的顾客背后,都代表一大堆导购员被动结束失去的业绩。

这里还有一个小技巧,如果顾客说"我待会儿刷卡吧"你千万不能说"好的,那您待会儿刷卡吧",而要说"好的,这边请",顺便做一个请的手势,把他直接引到收银台就可以了。

在此说一下如何使用计算器,或许你会说,计算器有什么难的,做导购员这么久,肯定会用计算器。其实,我想说的是很多导购员算的数字对,只是算给顾客看的方法是不对的。

正确算给顾客看的方法是:

首先,算慢点。很多导购员可能是因为算的次数多了,比较熟练,于是点击数字键速度飞快,顾客根本看不清,还没看明白就得出最后数字了,顾客根本没看清楚,也不知道你有没有按错,算得对不对。这样容易让顾客产生疑惑,所以给顾客算慢点,让顾客看清楚才是关键,顾客看清楚计算的过程,知道你没有算错,他才会更放心。

其次，算两遍。在顾客面前算两遍，一遍是计算金额，一遍是复核让顾客心里更安全，确认我们没有算错。

再次，多件产品，一定要累计相加。在计算多件产品时，要随手拿出一张白纸，算一件的金额，在白纸上写出来，然后再算一件的金额再写出来，然后再一件一件地相加，最后再得出一个总数。千万不要所有的金额加在一起再统一打折。

这样做的目的是什么？顾客买的是多件产品，所以金额必然不小，如果你在总额的基础上打折，顾客只会感到自己购买的金额大，如果我们一件一件地相加，可以让顾客对总金额有一个正确的衡量标准，总金额虽然大，顾客也是可以理解的，毕竟自己买的件数多。

最后，稍弯腰。这里指的是服务的过程中，很多时候顾客计算数字的时候是坐着的，导购员可能是不允许坐的，站着计算的时候，一定要弯腰，不要站的很直地在手上或者柜台或者桌子上点计算器，否则会给顾客一种居高临下的感觉。弯下腰，跟顾客保持平等的高度（也不要太低），这样双方都感觉平等，也便于交流沟通。

二是顾客显得不愿离去。

顾客在你店里低着头一直转来转去，你询问顾客的时候，他可能也不回答你。没有受过培训的导购员会说：你在这儿转半天了，到底买不买啊？这样就直接把顾客吓跑了。

我们想一下，顾客如果真不想买，他会立刻离开，他之所以不走，在店里转来转去，就是想买。但有一个问题他不知道该问还是不该问，他怕问出来这个问题会被导购员嘲笑。这样的顾客多半性格内向，那么此时我们究竟要怎么办呢？我们低头，小声嘟囔地直接问他（千万不要大声）："您有什么问题您直接跟我说。"他感觉你们是同类人，你比他还内向，他胆子就大了，只要说出他想问的问题，一般都能帮他解决，马上成交。

三是顾客问到其他细节。

珠宝顾客常问："你们有质保证书吗？""你们的搭扣都是18K的吗？"服装顾客常问："你们能免费剪裁裤边吗？""你们能快递到家吗？"当

听到顾客问这些问题时，导购员不要害怕，要知道这是顾客想要购买的标志，顾客可能就是随口一问。所以此时，导购员就要准备好开票了。

四是当顾客话语总围绕着一个产品时。

服装顾客常问："会不会褪色啊？""会不会缩水啊？""是手工的吗？"珠宝顾客常问："18K金会褪色吗？""钻石戴久了会掉吗？""钻石切工真的这么重要吗？"家电顾客常问："这个板挂墙上真不会掉吗？""这个真能链接网络吗？"

翻来覆去都问跟这款产品有关的问题，说明顾客喜欢上了这款产品，不然顾客不可能如此在乎。那么当顾客翻来覆去问这款产品的时候，只要回答好顾客的问题，就可以顺利完成销售了。

五是当顾客询问具体购买数量时。

服装顾客常问："买两件能打折吗？""买三件能优惠吗？"家电顾客常问："你推的这台先锋DVD我要了，能打折吗？""买你们延保能多送赠品吗？"珠宝顾客常问："项链和吊坠两件我都要了，能打折吗？"家具顾客常问："加上垭口、窗套我都要了，能优惠多少？"

面对顾客询问具体购买数量，我们完全可以这样回答："您买两件能打八折，一共×××元，优惠×××元（一定要把优惠多少元告诉她，让她知道她占了多少便宜），您看您待会儿是刷卡方便还是付现金方便？"之后就可以开票了。总之，如果不能打折怎么办？多给赠品。如果不能多给赠品怎么办？多给服务。如果不能多给服务怎么办？给上级打电话。

六是当顾客不断地问同一个问题时。

这种情况在卖衣服、卖饰品、卖家电时经常会遇到。比如："我穿上真的好看吗？""我还是怕不好看啊！""真的好看吗？""要是不好看怎么办啊？"很多导购员一直回答："真的好看！""真的真的好看！""真的真的真的好看！"就是不提开单。

顾客穿上衣服不脱下来，说明顾客购买欲很强，第一次问你可能是真的想确认一下，第二次问你就是再让你给她点信心，第三次问你就是想掏钱了，但是不好意思跟你直说要买，其实就是在等你结束，谈过恋爱的人

应该能够理解。第一次问,我们可以说:"真的好看!"第二次问可以一句话结束:"真的好看,您看您待会儿是刷卡方便一点还是付现金方便一点。"

七是顾客问到售后问题。

家具顾客常问:"能送货上门吗?""掉色了能免费重新刷漆吗?"服装顾客常问:"要是褪色了怎么办啊?""缩水了怎么办啊?"珠宝顾客常问:"链子断了能免费接吗?""钻石松动了能加固吗?"家电顾客常问:"我只有中午下班有时间,你们能中午一点送到家吗?"顾客此时已经不关注产品,而是开始关注售后,显而易见,这表明顾客已经决定要买了,只是担心怕买回去会有后遗症,所以要问清楚。

此时导购员可以说:"您放心,我们肯定能免费送货上门,您看您待会儿是刷卡方便一点还是付现金方便一点?""我们三包,一个月包退,三个月包换,保留小票就可以了……""这个产品保养的时候要注意……"讲完以后,最后再问顾客:"请问一下,您待会儿是刷卡方便一点还是付现金方便一点?"

八是顾客开始赞美你。

比如,"小美女很漂亮哦!""小美女身材很棒哦!""小美女很会说话嘛!"顾客开始夸你了。按理说应该我们夸顾客才对,顾客为什么会夸你呢?这说明顾客想让你高兴点,为什么想让你高兴呢?不就是想让你给她便宜点,为什么想要你便宜呢?证明顾客想要购买这件产品。所以导购员可以这样回答:"姐,被您这么一夸,我整个人的自信心都提升了,您看您待会儿是刷卡方便一点还是付现金方便一点?"

九是顾客跟你开始套关系。

比如,"哎呀,小姑娘,我也是那个地方的,我们是老乡啊!""哎呀,我也是那个学校毕业的,我们是同学啊!"顾客开始跟你套关系,说明顾客想要通过这种方式来让你给他更大的优惠,这也证明顾客已经决定购买了。所以,此时我们不妨这样对顾客说:"老乡当然要跟老乡买了,我帮您申请一个赠品(没有赠品就不要说了),您看您待会儿是刷卡方便一点还是付现金方便一点啊?"

除了上述九条从语言方面听出成交的方法，我们再来看看顾客做了哪些行为动作之后，就表明可以成交了。

一是低着头摸下巴。

说明顾客在思考，等顾客抬起头的时候，基本上买不买就已经做出决定了。

二是双手抱胸陷入沉思。

表示顾客已经开始进入思考，表示他在做最后最重要的决定，当顾客一抬头，买不买就已经有定论了。

三是握着产品或简介，希望占为己有。

舍不得撒手，或者专注地拿着简介思考，一抬头已经决定买不买了。

四是身体往前，双手平放桌面。

这是开放坐姿，双手打开平放桌面，是接纳式的坐姿，如果顾客这样坐着，然后再面露愉快的笑容看着你，那么这就表明他买定了。如果顾客没决定购买，他会很认真地看着产品，或者跟你聊产品、谈价格。现在他看着你笑，说明他放松了，为什么会放松了呢？因为他已经决定购买，所以才会放松。当然，如果顾客是站着面露愉快的笑容，也跟你调侃，那么也能表明他开始决定购买了。

在此提醒导购员要注意一点：通常来讲顾客砍价是最经常出现的成交信号，但是导购员把握时机的能力却不高，比如送赠品、打折、抹零头。只要顾客有这方面的问题，导购员一定要记得先讲解，讲完要接一句话"请问一下，您待会儿是刷卡方便一点还是付现金方便一点？"就可以尝试着销售结束了。

切记：二选一结束法，是我们导购员最直接、最快速、最容易成交的方法。顾客不怕花钱，只是怕花错钱。故此，我们可以主动帮顾客做决定。因为我们是终端销售，所以最常用的、最实战的、最靠谱的、最直接能把顾客拿下的就是二选一结束法。

 正确的沟通方法：

"您看您待会儿是刷卡方便一点，还是付现金方便一点？"

68. 如何做好顾客转介绍

让顾客与我们结成同盟，购买后还主动将产品推荐给他的同事、朋友等，成为我们的义务宣传员，这就是转介绍。转介绍在国际上有一个专用名词——传销。只不过传销在有的地方发展成了非法组织，性质变了。顾客转介绍是导购员最有效的开发客源的主要方法之一，是世界上最容易掌握和最方便应用的销售方式，具有耗时少、成功率高、成本低、质量高等特点。

在现实生活中，并不是所有顾客都愿意帮我们做转介绍，这是为什么呢？原因无非有以下几种：一是怕给亲朋带来困扰；二是顾客不愿意把导购员当朋友；三是顾客不喜欢被朋友认为他背后透漏别人的隐私（我就经常收到房产、保险的电话，现在又收到白银投资、股票投资的电话）；四是担心店里的人员更换快，销售人员不够固定；五是顾客觉得这不会给他带来什么好处，多一事不如少一事；六是顾客想不起来介绍谁好，不知道谁需要我们的产品。

虽然不是所有的顾客都会成为我们的"义务宣传员"，但是我们要尽量选择最佳时机，让转介绍的顾客成为多数。

关于转介绍最佳时机，总结如下：

一、你的产品和服务表现不错，得到顾客认可之时，那么你就可以要求顾客做转介绍了。如果在店里感觉火候不到，那么可以电话回访时要求转介绍，很多导购员只会给顾客打回访电话，但是却没有做到要求顾客转介绍。转介绍的最佳时机就是顾客满意后，就要求顾客进行转介绍："您既然这么满意，您能不能推荐一两个朋友，他们可能也会需要我们的产品。"

如果打电话,顾客不满意转介绍怎么办呢?那就找出顾客不满意的原因,帮他打消顾虑。或者有的问题我们不能马上解决掉,那么怎么办呢?我喜欢用书面表达的方式告诉顾客。在一张正规的信纸上,写上顾客遇到的问题,然后写上什么时候用什么方法可以解决。一般情况下顾客的问题都能够解决,他们都会成为我的"义务宣传员"。

二、你为顾客做了一些事情,顾客对此表示感谢或赞赏之时。这个要分清楚顾客是真的感谢或者赞赏,千万别把顾客的客气话当成真的,那样基本上会被顾客婉拒的。有位初出茅庐的记者登门采访林肯总统的母亲,问她儿子是否像他自己表达得那么诚实。林肯的母亲说:"是的,除非不得已而善良撒谎。"记者请她举个例子,她笑了:"你还记得刚才进门时,我对你说——见到你很高兴吗?"

三、顾客因为其他原因,心情特别好之时。顾客只要高兴一般都不会拒绝你,所以当你发现顾客心情大好,十分愉悦时,不妨主动提转介绍的要求,我想顾客是不会拒绝的。

四、当顾客有愧于你的时候。中国人其实很怕欠人情,但有些人情又是避不开的,所以当顾客感觉愧疚欠你人情的时候,就可以要求转介绍了。但是如果顾客不希望通过转介绍的方式来还人情,那么你就不要逼迫顾客。

被称为"红顶商人"的中国近代徽商代表人物胡雪岩在钱庄做收账时,有一次距离他们钱庄几十米的邻居从钱庄借了一些钱,虽然不多,但是邻居家境一直不好,所以一直没还上。钱庄老板要了几次也没要到,两家大吵了一架,那点钱告官也不划算,就此搁置了,两家见面谁也不理谁。后来邻居家境渐渐好起来了,胡雪岩就想试试看能不能把钱收回来。

来到邻居家里,邻居也不给他好脸色,他站在门口对邻居说:"我们老板让我过来看看您,其实他挺后悔的,当初也是有点急就跟您发生争执,都是乡里乡亲的,又隔得不远,低头不见抬头见的,这不,让我来看看您,那点钱您先用着,如果不够还能再借您一点,您现在生意也做大了,咱们相互帮衬着也就都好了。"后来邻居主动把那点钱还了。在此我们需要特别注意一点,当你向顾客提出转介绍的要求时,如果顾客不愿意,不可连

续追问。

我接触过的转介绍的案例不少,其中让我记忆犹新的是一家化妆品公司做转介绍的过程:

顾客买回化妆品之后,导购员会先打两个电话巩固顾客满意度。第一个电话在两天内打,介绍产品的使用方法注意事项等,如果顾客有问题,帮顾客解决。这样顾客就会感觉这家化妆品公司的售后服务很到位,毕竟这样做的销售很少。第二个电话在顾客使用半个月到一个月之间再打,目的是询问顾客的使用效果。如果顾客回答没什么效果怎么办呢?没效果就意味着顾客不满意,不满意就表明顾客不会继续购买,不继续购买就更不会转介绍了。那么如何应对顾客的不满呢?

这家化妆品公司做了一套话术,遇到说没有效果的顾客,就按照这套话术来解决处理。此时导购员会反问顾客:"我们的产品都很有效果,为什么您会觉得无效呢?我能问您几个问题吗?"顾客一般都会接受导购员的询问。

这时导购员接着说:"第一个问题是,要让皮肤健康年轻,一定要保持充足的睡眠,我们的产品在睡眠充足的情况下才能更好地修复肌肤发挥功效,请问您能保证一天八个小时的睡眠时间吗?""如果您睡眠不好,我建议您晚饭后散散步,晚上十点前上床,用我们的晚霜,然后关灯休息,保证充足的睡眠,一定会有很好的效果。"

有的顾客会说:我每天都睡得很好。这时导购员要怎样应付?"您抽烟喝酒吗?烟酒不但抵制效果,而且对您身体不利,如果戒不掉,建议您抽焦油含量低的烟,喝葡萄酒代替白酒、啤酒!"如果顾客说"我睡眠好,不抽烟,不喝酒"。导购员的杀手锏话术来了:"您能保证适当的运动吗?每周三次,每次一小时的运动促进血液循环,和化妆品一起搭配,让您面色红润,皮肤细腻。"

事实上,要是顾客不抽烟不喝酒,睡眠充足,每周运动三次每次一小时,就算不用化妆品,皮肤也会比以前没规律的生活要好很多。这样一来,顾客对产品自然会满意,转介绍的可能性也会增大。

导购：别输在不会沟通上

转介绍就是这样，导购员不能只销售产品，还要成为顾客信赖的顾问。比如：现在推销保健品叫健康顾问；推销保险的叫理财顾问；销售化妆品的不仅卖产品还教大家护肤和美容的知识。

巩固顾客满意度这是第一步，第二步就是索要名单。导购员可以直接打电话给顾客："我们公司正在搞促销，免费赠送小包装给老顾客的朋友，您看有没有要好的朋友？我用您的名义在圣诞节前邮寄给她？"通过这样的方式通常能要到好几个人的电话号码。

第三步，打电话给推荐名单上的潜在顾客。导购员的话术是这样的："我是张小姐的朋友，您有没有觉得她最近年轻了很多，她让我邮寄产品免费给您试用，请把地址告诉我吧。我们在××商场有专柜，您也可以逛街的时候来这边领取。"

这就是完整的转介绍的过程，相信导购员运用这一套步骤，一定会提升销售额。

正确的沟通方法：

转介绍最佳时机，使用成熟的话术。

69. iPad 以及彩页的用法

以前的门店多使用数据夹,随着科技的发展,门店里用 iPad 的越来越多了,一是轻巧方便,资料装的多,二是给顾客感觉比较时尚科技,而且除了图片还能有视频,吸引力也更强了。iPad 里面要装什么东西呢?一般来说,是相关资料,同类产品比较表,顾客见证照片,感谢信,和相关视频演绎,还有就是可以直接登录公司网站。

可能有的导购员会问:顾客见证照片是什么?其实就是自己门店的产品在其他品牌的店铺摆放着。比如,顾客的家人在瓷砖、地板上玩耍,快乐幸福的场景。这样更有家的氛围,也更容易感染看照片的客人。

有的导购员会说:有必要放感谢信吗?当然有必要,同时一定要注意感谢信所包含的几方面内容,诸如姓名、电话、住址等,来增加这封感谢信的可信度,还要写详细,不要落款仅仅写"失主"二字。

顾客在翻看 iPad 里面的内容时,导购员要在一旁用幽默风趣的语言进行解说。沉闷、严肃的解说不仅会让顾客觉得无趣,反而会让顾客失去耐心,轻松的气氛反而可以促进购买。很多导购员可能会说"我不会幽默"。其实幽默是训练出来的。

我是个性格内向的人,我的幽默是从练习讲笑话开始的。有的人讲的很好笑,直接模仿他就行了。最失败的导购员就是顾客看 iPad 时说:"我自己看就好了,你不用再讲了。"意思就是你讲得太无聊。

iPad 里的资料要及时更新。一是要更新过时的资料,因为有的顾客是内行,万一发现问题纠正你怎么办?此时最好的方式就是这么说:"非常感谢您提醒了我这一个重点,这是我过去没有注意到的地方,很谢谢您给

我的帮助。"让顾客有成就感,从而继续听你说下去。及时补充资料会让顾客感觉你是一个非常认真严谨的导购员,自然能够增加顾客对你的信赖感,从而实现销售的目的。

关于彩页的用法,我们最常看到的导购员发彩页给顾客的两种情景如下:

第一种递给顾客:"这是我们公司的彩页,您看一下。"第二种让顾客自己拿:"我们公司彩页在那边,您可以拿一份。"

那么,哪一种更好呢?当然是第一种更好。宣传彩页交到顾客的手上,但是仅仅是这样还是不够的。要知道,如果我们自己对宣传彩页都不重视,那么顾客怎么可能会重视?自然,彩页也一定不能够发挥作用,更产生不了应有的效果。

"你自己拿一份吧。"这句话说明你不尊重它,顾客也不会尊重它,所以顾客最常有的选择是拿都不拿就走了;或者顾客当着你的面,不好意思拒绝你,拿了宣传彩页走出去马上就将彩页扔进垃圾桶。如果您公司的宣传彩页是小册子,比较厚,比较精美,舍不得扔,就带回家了,变成餐桌上的隔热垫了,这都不是我们期望看到的情景。

作为导购员,不仅要保证顾客拿到宣传彩页,更要保证通过我们语言上的讲解,以慎重的态度来让它产生效果。所以我们完全可以借用这套话术:"王总,您好,这是我们公司精心制作的彩页,这份彩页里面有我们独特的优势……对于您公司的好处……当您有需要的时候打开它,我们的产品可以给您最好的协助,这份彩页送给您。"

讲解的时候,最好能用笔圈出重点,让顾客一目了然。只有这样,顾客才会想到:万一我有需要的时候,我还可以打电话找到这群人。有的彩页前面是广告,后面印的是日历,也是为了增加彩页的用途,从而避免顾客直接扔掉。

 正确的沟通方法:

iPad和彩页是商品讲解的有益补充和证明,让顾客更加信任我们!

70. 如何做好售后服务

其实，我对售后的主张就是让顾客有安全感。如何让顾客拥有安全感？那就是可以退、换。如何保障商家利益？那就是在一定时间内可以退、换。

一家外国运动服装商场，规定一个月内只要商标还在，顾客随时都可以进行调换。因为这个原因，我的运动装都是在这家店铺购买的。

记得我在给鹿邑县一个卖内衣的公司做培训的时候，这家公司的老总跟我说他取得今天的成绩的原因，就是只要顾客想退，就一定随时退，哪怕内衣坏了也退。用他的话说：承诺退换，让他发家致富。以前一个月能卖100件，现在一个月能卖130件。一般100个顾客中退货的也就一两个，就当这两个是亏损，他还多赚了20多件，如果没有退换这个服务，估计是不会做大做强的。

我在给东北一家珠宝公司做培训的时候，这家老板也是用了这招儿，他的销售量是别人的三倍。这家珠宝公司规定，凭发票随时原价退换。敢做出这样的承诺，不仅能够让顾客心里踏实，也能够证明他们的品牌货真价实，而且退的人真的很少。

老板还说，就算顾客10年后退，现在的1万元跟10年后1万元价值将会差很多，就算物价没有膨胀现在的1万元跟10年后1万元的价值一样，人家的钱让你免息用了10年，还不够划算吗？他就是靠着这一招，实现了公司的扩建。

我不仅主张顾客可以随时退换，而且主张货退时顾客可以保留赠品。为什么要这么做？有的导购员会担心这样做是不是会损失惨重，因为赠品也是成本啊？其实不然，要知道能去你的店里消费的人，至少是消费得起

你家产品的人,是你家的消费群体,而且人家在你家买了,这说明了对你家的认可。

一个消费得起的顾客,一个对你家认可的顾客,一个买过你家东西的顾客,一个体验过你家服务的顾客,送人家一份赠品也不能算过分吧,并且还能够给对方留下好的印象,何乐而不为呢?

什么叫顾客关系管理?就是通过真心的服务,让顾客信任我们,喜欢我们。考核顾客关系管理的标准是所有顾客满意度以及老顾客新品购买率。

顾客关系管理是品牌行为,很多公司做成了销售行为。考核的是销售额,为了完成销售额,员工必然伤害顾客关系。比如,经常电话骚扰。海尔就是顾客关系做得好才一举成名的。满足顾客的一切售后安全,成就家电第一的地位。可见,做好售后保证是多么重要。

 正确的沟通方法:

给的是安全感,增加的是信心,提升的是形象,传播的是诚信。

附录：学员现场问答

学员1××717828：很想向老师请教一个问题，新手导购员要怎样才能尽快上手，在机会不多的条件下，怎么才能掌握更多消费者的心理？

郜杰老师回答：第一，新手怎么才能尽快上手？那就是背。把我写的问题及应答背熟并且能脱口而出。为什么这么做呢？一是因为销售中的问题80%都是经常遇到的，所以背会后能解决80%的问题，把主要的常见的问题解决了，次要的就好办了。二是因为虽然你缺少实战，但是有这些情景话术来做指导，都有现成的答案，练习的时候想象一下场景，那么遇到顾客的时候就可以马上上手，这样学的就比别人快了。

第二，在机会不多的条件下，怎么才能掌握更多消费者的心理？这个问题相对比较麻烦，我以前也遇到这种情况。一个女孩子买翡翠吊坠，看中了一个我推荐的，但是她说："我就看了一次就选中了，这也太快了吧，连比较都没比较过。"

如果放在现在我马上可以拿下这个顾客。但当时不懂顾客心理：这是顾客想要，又不好意思说自己要买，只要你主动说一句解释的话就可以达成销售了。但是当时我没有，我真的让她出去比较了。怎么能够尽快掌握消费者心理呢？这就需要导购员在工作中多多思考与锻炼了。

学员尔尔1q：我明年也要成为一名导购员了，是卖高档家具的。我想请问郜杰老师如何在第一时间让顾客对你产生好感，不是那么排斥你接下来对他的推销。还有一个问题，就是我不知道怎么赞美顾客又不显得那么刻意。

邰杰老师回答：把自己打扮得漂亮一点，姿态动作得体点，声音亲切好听点，就可以大幅度提升销售了。

我曾经给××床垫（迪拜酒店专用床垫）中国公司的导购员讲过两天课。他们也是做高档家具的，在各个家具商场都有门店。我就告诉他们：他们的形象可以降低销售难度，20万元的床垫，有人买吗？肯定有，问题是你像不像卖20万元床垫的人。而且在我做人力总监的时候，有个潜规则：那就是长得漂亮的女孩子工资一般比长的不漂亮的女孩子高20%。

哈佛大学人类研究报告说明，给别人印象最深的55%来自肢体语言，37%来自于声音，8%来自于说话内容。换句话说，把我教的话术全部熟练运用，对顾客的影响也不过8%。但只要形象、动作改变一下、声音调整一下，就可以快速提升你对顾客的影响。

生活中，我们也去过别的店里买过东西，导购员说过什么我们可能不记得了，但我们记得的是哪个店里的导购员漂亮，哪个店里的导购员说话温柔。

那么，怎么赞美顾客又显得不是那么刻意呢？很简单，就一个字：背。赞美是需要训练的，熟能生巧。

你可以把赞美女人的词、赞美男人的词、赞美夫妻的词、赞美小孩的词、赞美老人的词语各写10个，把这些词语背熟，这样见到不同的顾客就可以直接找到赞美他的词语了。

学员糖糖掉了：我也是一名导购员，我每次想跟顾客把关系拉的亲近一点，聊点别的话题，想给人感觉不仅仅是导购员，更是朋友。可是在这一点上我总是不知道怎样突破。也不知道可以聊什么话题，总是找个话题说两句就进行不下去了，一直找不到办法。希望老师可以帮我解答一下，我该怎么做。

邰杰老师回答：有两个原因导致你会产生这种尴尬场面：

一是关注的当下热点、信息量太少，导致话题较少。现在社会上经常有事发生，多看新闻信息。实在找不出热点，还有新上映的电影、大家在

追的电视剧都可以谈,等等。还可以讲你们公司的品牌故事,谁都喜欢听故事,只要故事好,顾客还是有兴趣听的。还有就是谈她感兴趣的话题,比如对母亲谈孩子教育,等等。另外,你总有自己的爱好吧,把你的爱好说给他们听也可以,至少在这方面你是专家。

二是心理上的问题。我不主张跟顾客交朋友,你跟顾客第一次见面,最多一个小时的时间,不可能让你们成为很好的朋友。另外顾客确实是来买东西的,不是来交朋友的。你不可能和每一个顾客成为朋友。留给顾客一个好印象就可以了。不要强制和顾客交朋友,越是这样,越交不到朋友,这也是为什么恨嫁女很难嫁出去的原因。事实上,该做的事情做到了,正常的销售就可以了,因此你也不要老是挖空心思想着跟顾客交朋友了。

学员刘邻:想请教老师,如何让观望活动价格的顾客落单?

郜杰老师回答:如果是大型活动,观望的顾客挺多的,就是没人落单,很简单,找个托,然后走到收银台,大喊一声"买单!"就可以了。只要有一个人落单,其他人也就跟着落单了。

如果是个别顾客不落单,那么就直接问这个顾客不落单的原因就行了。譬如,你可以直接问:"大哥/大姐,你不落单的原因是什么?是价格?是服务?还是其他什么原因?"此时你盯着顾客不要说话,等他回答。直到他告诉你原因以后,你再根据他的原因进行解释和选择相应话术即可。最重要的是解释完以后,一定要问一句:你待会儿是刷卡还是付现金?

学员×iaoying1019:老师,我们是卖宝宝衣服的,属于礼服的范畴,大多采用丝质缎面为材料,所以价格相对偏高。好多顾客都会说宝宝只穿这么一次,价格高了划不来,宝宝又长得很快,好衣服也穿不了几天。麻烦老师给支支招,该如何应对这一情况呢?谢谢!

郜杰老师回答:你这个问题相对复杂一些,需要高级销售技巧里的构图技巧了。一两下说不完整。这样我先设计个话术,你背一下,看管用不管用,就当试试吧!

顾客：宝宝只穿这么一次，价格高了划不来，宝宝又长得很快，好衣服也穿不了几天。

你这么说：这样的价格买这样的衣服，已经是最划算的了，您想一下，当您的孩子站在舞台的聚光灯下，一下子就成为全场的焦点，下面的观众窃窃私语地议论：这是谁家的孩子啊，这么优秀、漂亮。当知道是您孩子的时候，都会向您投来羡慕的眼光，都跑过来向您请教怎么样教育孩子，有的还要您的签名、微信号码呢？您说是不是？此时，你再问：您待会儿是刷卡还是付现金？就可以水到渠成了。

学员KK：老师，我感觉我们做导购员的是吃苦最多、受累最多、工资最低、地位最低的人，您怎么看？

邰杰老师回答：我要说的是，只要你够优秀，一样可以很牛。记得以前我在×××连锁大药房卖药的时候，遇到过这么一件事：

由于店里是超市形式的柜台，非处方药、保健品等，顾客可以自己取药到收银台结算。我当时负责感冒类柜台，一天下班点货，我的柜台丢失了两盒双黄连口服液，标价10元/盒，两盒20元。

丢失药品，当班导购员要负责赔偿，其实很多导购员一般不赔偿，直接问厂家业务员要两盒药补上去就行了。一是因为厂家药品毕竟是出厂价，价格不算高；二是可以跟导购员搞好关系让导购员主推；三是一般的厂家业务员手里都能找点私货，所以一般问业务员要两盒补上就可以了。

当时那个厂家的业务员是个女孩子，我把情况跟她说了，想让她拿两盒双黄连给补上，结果让我没想到的是她竟然不同意，说她没货，公司不给……无论我怎样说，她死活不同意给我补两盒。在当时，我感觉她在欺负我——别人可以，为什么我不可以？最后我急了，说道："如果你帮我拿两盒药，我帮你把你们新的产品——×××给卖到超额销量，如果你不帮我，你这个月的双黄连、×××的销售额都别想完成，你信不信？"

她笑了笑，感觉有点不信。

这时旁边来了一位大爷，感冒了，想买双黄连，我把她们家的三×、

福×三个双黄连都拿出来了（这样可以混淆大爷的视线，本来他就想买双黄连，目的性很强，如果直接给他，他拿了就走，你给他挑选，他就开始犹豫了）主推三×和福×，三×品牌大，福×相对便宜，大爷看了看，最后想要三×，这个女业务很不高兴。我心说：让你知道我的厉害，看看高手是怎么销售的。

大爷让开票要三×的了，这时，我话锋一转，对大爷说："大爷，你感冒去医生那边看了吗？"大爷说："没有！"

我说："大爷我帮您简单看一下吧！"大爷说："行啊，你帮我看看吧，我也想找懂的人给看看。"

我给老人家把把脉，然后看了看舌苔，说："大爷，您这个感冒是刚得的吧？"大爷说："是的。"（一般老人家得病，都会及时看的。）

"您这个病是刚开始，还有后劲呢，如果要吃双黄连，估计比较慢，一是因为双黄连是中药，效果慢，但无副作用，二是因为一天三顿的吃比较麻烦，而且不一定能压住后劲！"大爷说："你估计多久能好啊？""最少一个星期。"大爷说："我一般感冒都是半个月才好，重的还要打点滴。"

我说："大爷，我们这里有个×××，是双黄连的升级版，药效很好，一天吃一次就可以了。不过就是贵点！""贵多少啊？"大爷问。我说："贵两元钱！"大爷笑了："贵两元钱啊，你说贵，我还以为贵很多呢！"

新品×××卖出去了，我转脸问××的业务员："我刚才说的话，你现在信不？"这个业务员当即表示，明天就把两盒药拿来。所以，各位导购员，努力提升自己，只要你够优秀，你的人生一样可以花团锦簇，前程似锦。

后 记

历经几年终于写完此书，能看到后记的朋友都是真心读书学习的朋友。告诉你一个小秘密：这本书里的销售话术如果能背一半，就可以产生语感，形成思维了，在以后的销售中就可以自然而然地应对顾客了。

当你读完此书并运用书中的方法，你将会大幅度地提升业绩。

很多导购员认为：业绩增加了后果好不好很难说，因为业绩提升了领导可能会鞭打快牛，同事也可能会嫉妒，甚至领导也怕你把他自己的位置挤掉，很多非工作的负面因素接踵而来，那时的你可能会韬光养晦，可能会被孤立，还可能不再将心思放在销售能力提升上，会把全部的身心放在搞好人际关系上，就这样荒废了光阴，虚度了年华。

而事实上，把精力放在销售能力提升上才是关键。当你的能力提升一点，别人会嫉妒你，但是当你的能力大幅度超过他们的时候，他们会羡慕你仰视你，当你的能力大幅度超过他们的时候，他们就会崇拜你了。你要做的就是使自己变得更加优秀，当别人在搞关系时，你想的是如何再多卖一个，如何再提升一下连带率，如何再给老顾客更好的服务。过一段时间，你就会发现那些关系搞得好的导购员原地踏步，而能力提升的你将远远超过他们。

人一生成就的高度和宽度就是自己的思想的高度和心胸的宽度。当你把思想的标杆定得比别人高的时候，剩下的只要努力就够了；当你的心胸宽广容下蓝天的时候，你会发现很多事情是那么简单！

毋庸置疑，你前期的积累一定是付出大于回报，但是当你的能力积累到质变的程度，请相信，你的人生一定会更上一层楼。甚至当你再去参加

同学会的时候,你的座次也会有变化,同学看你的眼光也会不同。

最后,如果此书有不清楚不理解的地方,大家可以随时与我联系,一起交流彼此,如此则一定会有更大的收获。

将本书献给那些正在销售第一线奋斗中的导购员们!希望书中所列出的方式方法能真正伴随你们成长!

最后,祝愿大家都能实现自己的销售梦想,成为行业销售的佼佼者!